杨彭崙 ◎ 著

教子方法的
诗性与自然

中国民族文化出版社
北　京

图书在版编目（ＣＩＰ）数据

教子方法的诗性与自然 / 杨彭崹著 . –– 北京：中
国民族文化出版社有限公司 , 2023.3
　　ISBN 978-7-5122-1716-4

　　Ⅰ . ①教… Ⅱ . ①杨… Ⅲ . ①家庭教育 Ⅳ . ① G78

　　中国国家版本馆 CIP 数据核字 (2023) 第 043628 号

教子方法的诗性与自然
JIAOZI FANGFA DE SHIXING YU ZIRAN

作　　者　杨彭崹
责任编辑　张　宇
责任校对　李文学
出 版 者　中国民族文化出版社　地址：北京市东城区和平里北街 14 号
　　　　　邮编：100013　联系电话：010-84250639　64211754（传真）
印　　装　三河市龙大印装有限公司
开　　本　710mm×1000mm　　16 开
印　　张　12.75
字　　数　120 千
版　　次　2023 年 6 月第 1 版第 1 次印刷
标准书号　ISBN 978-7-5122-1716-4
定　　价　58.00 元

序
撬动人际世界的奥秘

古希腊数学家、物理学家阿基米德说过："给我一个支点，我能撬起整个地球。"他用夸张的方式说明了杠杆原理的优点，也道出了支点和杠杆的重要性。可是，两千多年过去了，我们始终没有找到这个支点和足够长的杠杆。

面对物理世界，我们不断探索；面对人际互动的世界，尤其是在教育孩子方面，我们也在不断追寻更科学的方法。本书作者杨彭崙和我的恩师董进宇博士，都是中国著名的家庭教育专家、两性关系导师、个人成长理论的权威人物。杨老师经过四十多年的研究和实践，结合自己教育子女的经验，得出了一个结论：要想改变人与人之间的现状，必须以

1

爱为支点，用关系做杠杆，这样才能获得所期望的好结果。

首先，以爱为支点。无论是在教育孩子上，还是在两性关系方面，如果没有爱，就都不会有好的家庭氛围，也就不会有好的结果。董进宇博士发现，我们人类在几百万年的生物进化过程中，在潜意识里形成了思考问题的两个基本逻辑支点：爱与恐惧。爱就是对同类怀有善意，简单地说，就是一个生命喜欢另一个生命的美好感觉；恐惧是人在意识到危险时的一种自我防卫、自我保护，以免受伤害的心智状态。当我们面对陌生环境或突发事件时，就会无意识地进入恐惧状态，此时就无法去表达爱；反之，当我们处于爱的状态时，就不会产生恐惧。在教育孩子和两性互动上，当你以恐惧为支点，你得到的就是恐惧的结果；当你以爱为支点，你就会传递给孩子学习、成长的动力，激活爱人内心的善意和爱的感觉。

其次，以关系为杠杆。关系就是力量，关系好就是动力，关系差就是阻力。关系好，即便你与孩子远隔天涯，照样能引导孩子往好的方向发展；关系不好，就算你与孩子近在咫尺，也无法改变孩子的一言一行。那关系是什么呢？关系就是印象。这个印象包括四个方面：你在对方心中的印象；对方在你心中的印象；你知道你在对方心中的印象；对方也知道他在你心中的印象。这四个印象一稳定，关系就稳定下来了。人与人之间、孩子与家长之间、夫妻之间，就是依靠这四个印象来决定与对方的互动模式和尺度的。

假如你在孩子心中是一个性情暴躁的家长，孩子在你心中是一个调皮捣蛋的孩子，并且你们双方都知道在对方心中的印象，那么你们之间的互动尺度和互动模式就已经固定了。如果想改变这种亲子关系现状，就必须先改变在彼此心中的不佳印象，让关系进入良性循环，即不断加长"好关系"这个杠杆的长度，这样才能"撬动"对方对你印象的改变。

再次，要灵活、纯熟、用对方法。本书作者杨彭崙列出并详细解读了多个教育孩子的有效方法。作为家长和老师，要搞懂每一个方法，并灵活纯熟地使用它们，更要针对不同的孩子用对这些方法。方法就是让你从知道到做到、从不好到好、从平凡到伟大的力量。

最后，无论是教育孩子还是两性相处，要想使彼此之间的关系从不佳到很好，都要经历一个漫长的过程。这个过程就是人际互动的大法则——缓发性，也就是说，要撬动、影响对方，让对方做出改变，不能着急、不能生气、不能愤怒、不能指责、不能抱怨、不能否定、不能攻击，更不能自我内疚，而是要有极大的耐心、足够的智慧和强大的内心。总之，教育孩子和两性相处要有打"持久战"的心理准备，只要你们的关系每天好一点，每周好一点，每月好一点，这样每年就会好一些。

总之，人际关系的互动没有捷径，亲子教育的过程也并不简单，两性相处更没有便捷的技巧。只有以爱为支点，以良好的关系为杠杆，运用有效的方法，再加上坚持到底的决心和耐心，才能获得好的结果。

张飞亮

2022 年 2 月 23 日

前　言

我在坐高铁的时候，遇到了一件发人深省的事情。在我的左后方坐着一位妈妈，她抱着一个小女孩，三岁左右。快到常州的时候，这个小女孩突然开始号啕大哭，紧接着就响起了她妈妈怒气冲冲的声音："我早就跟你说了，你怎么不听话呢？"出于好奇，我回头看了她们一眼，发现小女孩可能喝水的时候不小心把水洒到裤子上了，这位妈妈正一边给她脱外面的裤子，一边冲着她吼。小女孩在妈妈的吼叫下，止不住地发抖。妈妈看到孩子这样，更是气不打一处来，又在孩子的腿上使劲地拍打，希望孩子能够记住这个教训，结果孩子哭得更大声了。

看到这一幕，我感到很心痛。我想，这个孩子并不是简单的挨了打，更多的是心灵上的伤害。可能这个小女孩一开始只是被水烫了一下，当妈妈的只需要迅速帮助孩子处理就行了。结果妈妈出于教育的目的，不停地打骂。那一刻，我突然觉得，我们对于教育方法的选择，太过缺乏有意识的觉察。

我相信，每一个父母都有自己的教育理念和教育方法，我们在跟孩子互动的时候，每一天都在使用这些方法。区别在于，有的家长在使用先进的教育方法，有的家长在使用落后的教育方法，而有的家长却在使用错误的教育方法。打骂就是一种落后的、错误的教育方法。在这样一个平权时代，孩子的主体性发展这么快，自主意识这么强，用这样一种落后的方法，很可能不但无法教育好孩子，反而更容易伤害到孩子。

如果我们不能选择正确的教育方法，即使付出了再多的努力，进行了各种各样的教育，投入了更多的时间、精力、金钱……最后我们会发现，教育出来的孩子可能与我们心目中的期望相去甚远。所以，我们教育孩子更需要借助正确的教育方法。

那么，我们该如何选择正确的教子方法呢？换句话说，应该用什么样的方法来解决当下的教育困扰呢？我想，那些被忽略或被误解的方法，正在等待我们去认识。这是一个很重要的课题。有意识地思考我们教育中使用的方法是一种觉醒，而这种觉醒有时候也会帮助我们成长。

教子需要诗性和自然，它蕴含着无限的美感与爱意，它是让父母成为父母、让孩子成为孩子的过程。我相信，在科学的教子方法的协助下，我们的家庭教育会更加得心应手，也能够更高效地支持和帮助孩子解决问题。希望本书能够给大家带来启发，让大家在家庭教育的路上事半功倍。祝愿各位，教子成功！

目 录

第一章

教育方法的革命

想把孩子教育好，就要选择正确的教育工具，掌握合理的教育方法，提高教育工具的效率，这是我们教育工作者必须具备的一种能力。

　　教育方法是解决现代家庭教育问题、提升父母教育水平的重要手段。那么，哪些教育方法是先进的？哪些方法是需要父母重点学习的？如何正确选择适合自己孩子的教育方法？使用这些教育方法的边界条件是什么？如何学好、用好？这些都是需要教育者深思的。

　　首先，我们要交流和探讨的主题是教育方法的革命。现代家庭和学校在教育孩子上，呈现出各种各样的方法和理念。比如，有的家长看到孩子不听话、不服从，就打骂；有的家长希望孩子赢在起跑线上，从小就送孩子参加各种各样的培训班；有的家长对孩子批评、指责，希望其改正身上的毛病；有的家长会制订严苛的规则，希望孩子养成自律的品质；有的家长通过不断地规范孩子的行为，希望孩子能养成良好的习惯……可是这些教育方法不但没有让家长们的教子之路变得有效、成功，反而导致教育生产力低下，效果也大打折扣，最终事与愿违，事倍功半。

　　如果家庭教育、学校教育和社会教育带着各式各样的目的教育孩子，必然导致我们在教育方法和教育手段上的"异彩纷呈""形式各异"。这时候教育很容易被影响、被干扰，也就很容易造成教育缺失。造成这种教育现状的核心问题就是我们没有透彻地了解教育的目的。只有我们了解了教育目的的演进，才可能真正地看清现在的教育处境，以及我们的教育究竟应该发挥什么样的功能。教育目的是教育自身的反观和觉醒，是自

我了解的过程。如果把教育主体化，我们不妨看看教育目的的
演变。

一、教育目的演变史

1. 原始社会时期的教育目的是保存和传承已有的社会经验和资源

原始社会的生产力落后，人类在那样一个蛮荒时期，积累了
很多生产、生活经验，如狩猎的技巧、种植庄稼的经验等。如果
这些经验没有传承下去，是一件很可怕的事情，意味着人类的经
验、智慧、社会资源以及形成的一些认知，有可能会随着人类生
命的结束而失传。

因此，原始社会时期的核心教育目的是保存和传承已有的社
会经验和资源。于是人类有了文明，社会有了进步，我们的后代
直接从前人积累的社会经验和资源中学到了生存的法则，进而生
存得越来越好。这是一个有变革性的教育意识的觉醒。

2. 古希腊时期的教育目的是培养身体、道德、智力、审美全面发展的合格的社会公民

在古希腊时期，仅仅靠保存和传承已有的社会经验和资源已
经不能满足社会发展了，社会发展对人类提出了更高的要求。这

个时期军队要打仗，公民必须强身健体、参与社会活动。同时，诗歌和修辞学的出现让人有了更高的道德标准和精神活动。所以，古希腊时期教育的目的变成了培养身体、道德、智力、审美全面发展的合格社会公民。在这个时期，教育又往前迈出了一大步，所有的教育方法和教育手段围绕着这个教育目的，得到了充分的发展。

3. 中世纪时期的教育目的和生活目的一致，是观照人独立的精神生活

到了公元 1000 年左右，随着社会的进步，人类对精神生活表现出了更高的要求，渴望把生活过好，渴望获得幸福感。这个时候，人们发现之前的教育目的完全以社会目的为导向，忽视了人的精神生活，从而影响社会培养合格的公民。

人的精神世界、心灵生活在这个时候提出迫切要求，于是宗教教育就像雨后春笋一样发展起来了。影响力最大的是意大利的神学家、哲学家托马斯·阿奎纳，他认为教育的目的应该和生活的目的一样，要通过培养道德感、理智感让人获得幸福感。人只有获得了幸福感，他的身体、道德、智力、审美才能更好地发展，才有可能培养出合格的社会公民。

阿奎纳的思想启发了教育目的的改变，使教育目的第一次观照了人独立的精神生活，观照了人的信仰层面和灵魂层面的诉求。

这种改变也为人如何获得幸福的伦理学发展研究奠定了基础。

4. 16 世纪的教育目的是用科学的生活观来指导实践，并且服务于生活

16 世纪，人文主义教育开始兴起。荷兰的思想家伊拉斯谟强调人性本善，他认为不应该用宗教的原罪说把人禁锢起来，而是应该更多地释放人性，主张教育的终极目的就是要培养明达善良之人。

人文主义教育体系是一种新的、让人充满自由和活力的教育方法，它更多强调让学生不再依赖宗教，让学生学习科学，用科学的生活观指导实践并且服务于生活。

5. 17 世纪的教育目的是打开学生心灵的窗户，让学生自主学习，教会学生如何获得科学与知识

到了 17 世纪，教育者发现 16 世纪教育目的的初衷是好的，但是把科学灌输给学生的实践效果并不如期望的那么好。很多人费了九牛二虎之力，调用了很多社会资源也无法将知识传递给学生。英国教育家约翰·洛克在《教育漫画》里提出，一味地给学生灌输科学知识不切实际，有悖人性。

所以，这个时期的教育目的是打开学生心灵的窗户，让学生自主学习，教会学生如何获得科学与知识，重视学生愿不愿意

学，怎么样让学生更愿意学。不是不停地向学生的头脑里灌输东西，而是让学生自己把这扇心灵的窗户打开，心灵的窗户打开之后，学生就会自主地学习了。

6. 18 世纪的教育目的是顺应人的本性

随着社会的发展，教育又遇到了新的挑战。法国的思想家、教育家卢梭在《爱弥儿》中指出：学生都是孩子，我们犯的最大错误是把孩子当成成年人来教育。所以，教育的目的不能仅仅考虑教育者的教育目的，而不考虑受教育者。简而言之，就是不能忽略孩子的本性。当教育者的教育目的和孩子的本性相悖时，教育的效果肯定不会好。

这一时期，教育目的开始有了调整。教育开始关注儿童的内心世界，开始顺应儿童的天性，开始考虑儿童的成长目的，开始考虑未来人类发展的趋势，对人类未来发展的走向有了更长远的规划。

7. 19 世纪中期的教育目的是为孩子的未来生活做准备

随着社会的发展，所有教育方法都围绕着教育目的进行着革命性的变革，也越来越符合人性。到 19 世纪中期，英国社会哲学家赫伯特·斯宾塞提出：教育要让孩子能适应环境，能为未来圆满的生活做准备。瑞士教育家裴斯泰洛齐提出：教育的最终目的不应该随着学校教育的结束而结束，学校的学业结束了，不代表教育的任务已经完成了，不代表教育的目标已经实现了。学生最终是要走向社会的，整个教育的最终目的是让学生为适应社会需要做准备。

8. 20 世纪的教育目的是一种内在动机，旨在让学生更好地完成生长过程

20 世纪初，教育再一次获得了革命性的变革和进步，这是由美国实用主义教育家杜威带来的启发。杜威认为教育不是万能的，没有能力让所有人都获得圆满生活，它只是引导学生、激发学生的一种内在动机。同时，他还提出教育即生长的学说，在整个教育过程中，教育除了生长之外别无目的，生长过程的完成度越高，人类的生活就越圆满。

在这个时期，人类关于教育的认知、对于自身的觉察和反省达到了一个巅峰。人们开始意识到教育就是促进人持续不断生长的一个工具，教育最重要的功能就是培育人自身携带的人性的种子，让它生根、发芽、开花、结果，让人类更好地完成生长的过程。

9. 第二次世界大战之后，教育的目的从某种程度上说不进反退

第二次世界大战后的教育目的开始变得保守，整个教育活动由社会目的来支配。即社会需要什么样的人，学校就培养什么样的人。因此学生需要考高的分数，需要上好的大学，需要找个好

的工作，需要成为一个合格的社会公民。这个时期的教育目的
又退回到古希腊时期，教育出现了迷茫与困惑，前期积累的那
些进步的思想就被搁置一旁了。

10. 21 世纪的教育目的是培养真正的人

到了 21 世纪，这个时期的教育目的用董进宇博士的话说就是
培养真正的人。简而言之，教育者需要从以下四个方面培养孩子：

（1）学会学习。教育者需要教会孩子如何学习，让孩子养成
自己解决问题的习惯，利用求知欲，从好奇上升到反思；（2）学
会生存。适应环境，适应社会，善意地解读事物，正面地理解人
性；（3）学会发展。探讨自己更多的可能性，以成长为目标，训
练孩子的理性思维能力、人文思维能力，文理兼修，让孩子不断
发展自己；（4）学会与人相处与人合作。

二、教育应遵循的原则

了解教育目的的演变史，是希望我们能反省自身的教育方
法。教育是一个很好的工具，它是为人类的生长过程服务的。这
个工具应该遵循几个原则。

1. 教育即生长

教育需要顺应人的天性，帮助人更好地完成生长的过程。柳

宗元在《种树郭橐驼传》中总结了种树的秘诀：顺木之天。让树长得又粗又壮、又高又直不是郭橐驼的能力，而是树自身的能力，郭橐驼只是顺应了树生长的天性。柳宗元的这篇文章对今天的教育依然有很深刻的启发意义。我们需要意识到，在教育的路上，父母、老师只是起到辅助作用，真正让孩子成为栋梁之材必须依靠人自身的能力，即人的天性。所以，教育者要顺应孩子身上的天性，才能让孩子更好地完成生长的过程。

2. 教育即影响

教育即影响是主体对主体原则。以前我们把孩子当客体，认为可以根据我们的意愿把孩子改变成我们期望的样子。而教育目的不得不转向的原因是人有主体活动，有自己的自由意志，有独立的思想。如果主体不愿意改变，心灵上的窗户不打开，你就是讲再多的道理也没用。我们需要意识到教育者和被教育者之间的关系：两个都是主体，都是自己王国里的国王，主权神圣不可侵犯，谁也不能改变谁。你不能把被教育者当客体，不能把被教育者物化。教育者只有跟被教育者有一种良好的关系，才有可能影响到被教育者学习的动机、成长的动机，进而使其产生转变。

3. 教育即建构

教育要遵循没有输出就没有输入的原则，这是裴斯泰洛齐结合心理学总结的理论。我们给学生的大脑中输入知识的同时，必须考虑输出。如果不让学生对学到的知识输出，对接收到的信息、刺激做出反应，那么就无法对其继续输入知识。

4. 教育即审美

教育应遵循没有爱就没有教育的原则。如果我们在教育的过程中没有审美这种美好的情感，整个教育活动就无法完成。教育是审美而不是"审丑"，如果我们只看到孩子身上的缺点，对教育对象没有感情，对他们呼来喝去，想打骂就打骂，结果就是再聪明的孩子也培养不成人才。如果没有审美、没有爱，就培养不出内心向上、向善、有意愿去完善自己的人，也无法让孩子产生道德自律，反而可能会培养出很多破坏规则、仇视社会、仇视制度的人。

5. 教育具有缓发性

我们看到的孩子现在的状态是前期的教育结果。即使我们现在调整了教育目的、方式或工具，以上教育也都发生了，新结果的出现也是需要一个缓发阶段的，有可能是一年以后、两年以后、三年以后。所以，教育的最大智慧就是耐心，我们只需做好我们教育者应该做的事情，然后耐心等待即可。

6. 百分之五十的原则

教育不是万能的，它只是服务人的工具。帮助学生学习生长，教育最多能完成百分之五十的任务。即使我们做得完美无缺、尽善尽美，一点弯路都没有走，也最多只能完成百分之五十的工作，剩下的一半任务需要由学生自己完成。

学生得自己亲身经历过，才能长大。教育者的经历、经验没有办法复制到学生身上，教育者明白的问题，不代表学生也想明白了，学生要自己完成这个理解的过程。教育者觉得学习很重要、时间很珍贵是没有用的。学生要自己去完成一个富有意义的过程，要独自去面对他自己的人生，从生到老这个过程要他自己去完成，路只能由他自己走。当他没有勇气往前走时，就需要萌发出新的勇气。

总之，如果想把学生教育好，选择正确的教育工具，掌握合理的使用方法，提高使用工具的效率，是我们教育者必须具备的一种能力。

第二章

转变的杠杆

人是环境的产物，如果只是在形式上完成改变是没有用的。即使我们每天面对孩子微笑，每天夸赞孩子，但实际上对孩子并不认可，并不相信，与孩子的关系依然不会有本质的改变，因为形式上的改变不是真正的改变，并不能真正影响孩子。真正的改变意味着转变的对象并不是外在的行为，而是"我"的内心。

为什么很多时候我们意识到自己错了，转变起来依然很难呢？从一种状态位移到另一种状态、从一种观念转变为另一个观念，需要经历什么过程？如何转变得更自然、更优雅、更美妙、更彻底？

也许我们需要关注这样一个话题：转变的杠杆。

我小时候看《西游记》觉得是一件特别享受的事情，最羡慕的就是孙悟空，最喜欢他的七十二变，想什么时候变就什么时候变，想变成什么就变成什么。我当时特别希望能拥有这样的能力，而且为了拥有这种能力，我整天模仿孙悟空的动作。有一个比我低一级的学弟模仿得最为入迷，他每天从学校回家必须经过一个很高的台阶，为了学孙悟空腾云驾雾，有次他从台阶上跳下去了。当我看到他跳下去后的那个狼狈样，瞬间清醒了一半，意识到自己不是孙悟空，也不可能学会腾云驾雾。

我们之所以这么渴望拥有孙悟空的七十二变本领，是因为面对现实的转变，我们总有一种深深的无力感，我们希望通过这样一种理想主义的、浪漫主义的想象和情怀超越现实，不断地把自己变成自己期望中的样子。但是在现实生活里，有多少人想拥有孙悟空七十二变的本领？又有多少人意识到拥有七十二变是不可能的事情？

我们在家庭教育中，会特别想去改变我们的孩子，结果在改变的过程中，发现孩子的毛病越改越多。我们每天都在跟孩子说：

"跟你说多少次了，你怎么就是不改呢？都告诉你怎么做了，你怎么还不照做呢？你看看有多少道题是因为你粗心做错的？下次记得别粗心了……"尽管我们苦口婆心，但孩子下次还是粗心。我们还经常跟孩子说："跟你说了多少次了，要管住自己。你看你上一次就没管住自己，因为出去玩，作业没完成，最后挨了批评……"孩子也挺懂事地说："爸妈，我下次一定注意，下次一定管好自己。"结果孩子下次还是管不住自己。

其实我们做父母的这么讲话，表明我们对于人的转变没有起码的自知和自觉，也说明我们小看了转变这件事。当我们小看了转变这件事，我们就容易变成一个糊涂的教育者。我们渴望掌控孩子、管制孩子，结果到最后越管越被动，越管孩子做事越拖延。这个时候我们就困惑了、难以理解了。

如果把我们放到与孩子相同的处境中，就可能会发现要改变自己也不是那么容易。冯梦龙在《醒世恒言》里讲过一句经典的话：江山易改，禀性难移。人的改变不是我们认识得那么肤浅，也没有想象中那么容易。如果我们认为可以轻易改变一个人，自己可以轻易做到转变，就很容易把自己变成笑话。就像有个孩子讲的故事，这个世界上有三种笨鸟：一种是笨鸟先飞；一种是笨鸟不飞；还有一种又笨又不飞，它会生个蛋，孵出小鸟，让小鸟飞。小孩对妈妈说："妈妈，我属于又笨又不飞的鸟，那你属于哪种鸟呢？"

智者与一般人不同，智者往往更容易看出转变的本质。

（1）智者会认识到拖延症的形成是孩子的主体性被剥夺。没有人想拖延，甚至每个人都痛恨拖延，结果还是不自觉地拖延，这是主体性被剥夺所导致的。而一般家长面对孩子的拖延就会抱怨说："你凡事做好计划，提前一天安排时间不就行了吗？"哎，他们只会站着说话不腰疼。

（2）智者面对拖延症的孩子可摒弃固有印象和偏见。智者会以发展的眼光看待人和事，不会对别人抱有偏见，更不会用固有印象去评判他。而一般家长的想法就是这孩子无论干什么总是拖延，这辈子怕是改不了了。

（3）智者会正确认识情绪。智者能够认识到情绪不能堵，情绪越堵，越容易摧枯拉朽地伤害别人、伤害自己，情绪要输导出去。而一般人面对坏脾气的人会说："你看，情绪产生了那么大的破坏力，下次一定要把情绪控制好。"

（4）智者能够认识到孩子固执是因为自我价值感低。人之所以固执，跟他的自我价值感有关系，这是人的一种内在保护机制，一个固执的人的自我价值感往往太低了，对于不确定性太恐惧了，所以才坚持己见。而面对特别固执的人，一般人会经常说："你是不到黄河不死心，不撞南墙不回头。你为什么那么固执？"

如果我们能意识到人的每一种行为都值得同情和理解，那么我们就会明白形式上的改变并不是真的改变。比如说，一个孩

15

子不想上学，我们想尽办法把他送回了学校，表面上看孩子转变了，由原来的休学在家转变为在学校上课，而实际上孩子在学校里依然不学习，依然和老师对抗，或者做其他的小动作。所以，孩子要是不想改变，家长一点儿办法都没有。

人是环境的产物，只是在形式上完成改变是没有用的。如果我们每天面对孩子微笑，每天夸赞孩子，但内心并不认可和相信他，那么孩子依然不会有本质的改变，因为形式上的改变不是真正的改变，并不能真正影响人。真正的改变不在于外在的行为，而在于"我"的内心。

大家有没有仔细考虑过"我"是谁？以前董进宇博士问过我同样的问题："你是谁呢？"我说："我是杨彭崙。"他说："那是你的名字，但你是谁呢？"我说："我是谁谁的爸爸。"他说："那是你和你儿子之间的关系，你是谁呢？"我就不知道该怎么回答了。那么"我"究竟是谁呢？董进宇老师问的这个问题，让我想到了冯梦龙那句"江山易改，禀性难移"。禀性指的就是"我"，心理学上把它叫作人格。

我们好像很少深入思考这么深奥的问题——我不是自己想象中的"我"。转变的对象如果不是这个"我"的话，那么转变很可能只是流于形式，或只是完成了某个点、某个局部的改变。我们以为自己真的变了，其实它并不是一种实质意义上的改变。这种转变的假象会给我们现实生活造成很多的困扰。

或许大家对这个"我"有各种各样的认识。比如，我觉察到我的性格跟我的早期经历有关系。我记得自己在高中毕业之前经常挨打，这就给我造成了一个困扰：害怕权威，厌恶自己。对内，我不喜欢自己。很长一段时间内，我都对自己的声音处在一种不接纳的状态，觉得自己的声音特别难听，甚至不敢去听自己的声音。严重的时候，不愿意看见自己，觉得自己长得特别丑，不愿意跟人合影。这就是自卑，也叫作自我价值感低，这是对自己严重地不接纳所导致的。对外，我特别恐惧权威。记得有好几次，我以正常的理由去找我们领导请假。我先去敲门，然后听见领导的声音，我就觉得这个声音不对，猜测领导今天心情不好。进去之后，一看领导面无表情，就赶紧把请假条往裤兜里一揣，然后来一句"我没事"，就又出去了。现在回想起当时的自己，真是尴尬至极！后来我发现自己不仅仅是恐惧我们单位的领导，还恐惧比自己学历高的、比自己年龄大的，以及比自己有钱、有权的人，甚至比自己个子高的人我都害怕。我为什么会这么害怕呢？后来我明白了：小时候我一直挨成年人的打骂，于是内心产生了对成年人的恐惧，这种恐惧泛化到了所有人，导致内心形成一种对权威的绝对恐惧。

再后来，我看了很多书，也听了很多课，渐渐地有了一定的反思和自省能力。但是在很长一段时间内，我还是自卑和害怕，这给我的现实生活造成了很多困扰。我不敢上讲台讲课，为了逃避讲课，就给自己找个理由：我不适合讲课，适合做幕后工作……我的身体和情绪就像一辆失控的列车一样难以控制。很多时候我会想，自己为什么无法变成一个自信、热情、勇敢、乐观、开朗、阳光、洒脱的人呢？道理我都懂，却很难改变那个不好的自己。我想，比起恐惧本身，不知道如何改变更是一件让人恐惧的事。

我到底是谁？应该转变的对象是谁？第一个在精神层面分析人格构成的是奥地利心理学家弗洛伊德，他把人格结构划分为三个层次：本我、自我和超我。

（1）本我：位于人格结构的底层，是由先天的本能、欲望组成的能量系统，包括各种生理需要。本我是无意识的，遵循快乐原则。

（2）自我：位于人格结构的中间层，从本我中分化而成，其作用是调节本我和超我的矛盾，遵循现实原则。自我是理智层面的，不是潜意识的。

（3）超我：位于人格结构的顶端，是道德化的自我。超我的作用是抑制本我的冲动，对自我监控，追求完美的境界，遵循道德原则。

弗洛伊德的人格结构理论对后世的影响很大，除了弗洛伊德，其他哲学家也在寻找我们转变的对象到底是谁。17 世纪德国哲学家莱布尼茨的天赋观念说认为，人的心灵是一块有纹路的大理石。他把理性的"我"叫作心智，无意识的"我"或者潜意识的"我"叫作心灵。他认为人的理性能力越高，大理石上的纹路越清晰。同时期的洛克认为，人的心灵就是一块白板。白板上的东西主要来源于两方面：一是外在经验，靠感觉；二是内在经验，靠反省。还有笛卡儿的"我思故我在"学说，英国哲学家维特根斯坦通过语言寻找"我"的存在方式，像后期的德国哲学家海德格尔、法国哲学家萨特，他们都在找寻这个"我"。最后，他们意识到"我"并不是一个简单的"我"，除了肉体、大脑，还有意识的存在。随着基因学的发展，人们就慢慢地把"我"划分为三个层次：

（1）身体的"我"：拥有行为能力。它是我们肉眼看得见、摸得着的存在，由各种基因决定我们身体的特性，这是无法改变的。

（2）心智的"我"：拥有逻辑分析能力。心智的"我"是人在思维层面、观念层面上的"我"，这个"我"是通过大脑思考来进行意识活动的。

（3）心灵的"我"：拥有直接感受能力。当"我"意识到危险的时候，身体会直接做出逃跑或者战斗的动作。这种反应不通过大脑，不通过"我"的心智层面，而是一种本能反应。

通过外在的经验和内在的反省，在心智层面上，我们对于客观事物形成了认识和观念，当这种认识和观念固定下来的时候，就叫作价值观。心智层面上的"我"容易受价值观的支配。身体层面上的"我"则不容易受价值观的影响，而是容易被神经激素支配，遇到某种刺激做出某种反应，就形成了习惯。人更多的时候是通过习惯去应对环境，因为这比较简便。

人类的心理活动已经发生但并未达到意识状态的心理活动过程，在心理学上称为潜意识。身体的"我"、心智的"我"、心灵的"我"，这三个哪一个是真正的"我"呢？奥古斯丁的三位一体理论给了我们指引。奥古斯丁认为，身体的"我"、心智的"我"、心灵的"我"三位一体，构成了"我"。我们要真正转变，就必须三位一体协同改变。

我们学习的所有知识也是三位一体的：

（1）身体层面的知识是技能性知识。人可以训练自己的双手、双脚、大脑，也可以训练自己的嗅觉、视觉、听力，进而挖掘自己的潜能。身体的潜能是无限的，都是可以训练的。

（2）心智层面的知识是逻辑性知识。我们训练人的思维能力，逻辑学就是研究思维现象的一门科学。

（3）心灵层面的知识是直觉性知识。研究我们在意识层面产生的知识就叫直觉性知识。比如说，你喜欢我还是不喜欢我，我直接就能意识到、感受到。

人的技能性知识、逻辑性知识和直觉性知识这三种知识也是三位一体的。我们要从三位一体上改变自己，也要在这三种知识类型上改变自己。人要真正改变就需要身体、心智、心灵三者协同改变：

（1）身体上的改变就是我们旧有的行为习惯的改变。我们把不好的习惯丢弃，在改变旧习惯的基础上去形成新的、正确的行为模式。

（2）心智上的改变就是我们旧有的价值观的改变，即人们通常讲的观念的改变。

（3）心灵上的改变就是我们历史意识的改变。可以通过寻找新的感受去改变过去对自己产生的影响。

人和环境互动的时候，知行越合一，人越容易改变，和环境之间的关系越和谐，人越容易对扩这些旧的价值观、习惯和历史意识。如：弗洛伊德在人和自己的关系上主张身心合一；中国的哲学家、思想家庄子在人和自然关系的规律上提出"天人合一，道法自然"的思想；伽达默尔在人与人的关系上提出了"视域融合"理论，让人和人的理解成为可能。

这些哲学家几乎都指向了同一个地方：改变杠杆的支点——经验。那么，我们如何在经验层面遇见更好的自己呢？就是要改变杠杆的支点。身体的改变、行为习惯的改变、价值观的改变都需要借助新的经验来完成。杠杆就是关系，是人与人的关系、我们与自己的关系、我们与他人的关系、我们与已经存在的自然规律及客观规律之间的关系。这些关系越好，就越容易影响到做事的动机，就越容易产生伽达默尔所说的"视域融合"；我们越接纳自己，就越愿意改变自己；我们在社会群体中越容易被人相信，就越容易被人善待。当社会群体预先把我们当成一个值得信任的人，我们就越有强烈的改变意愿，也就越有力量去对抗整个意识的、价值观的、旧习惯的洪流。

我们发生真正改变有以下几个特性：

（1）改变是发生在主体内部的。

（2）改变必须是身体、心智、心灵三位一体的协同改变。

（3）改变的支点是在经验层面上塑造更好的自己。

以上内容只是给我们介绍了一个大背景，我们在这个背景下看自己、看教育、看工具。随着后面的分析学习，我们会越来越清晰，越来越有力量，越来越自信，对教育工具的使用也会越来越得心应手。

第 三 章

态度的魔力

当孩子说出"我"这个字的时候，我们必须意识到，孩子开始建构"我是谁"的概念了。于是，孩子拿起画笔，用一生的时间去完成一幅自画像。有的孩子画的自画像，自己特别满意；有的孩子画的自画像，连他自己都嫌弃。但是你不得不承认，孩子所有的自画像都是借由我们的态度来决定的。

我们时常会反问自己：我为什么是我，而不是别人？我为什么是这个特点，而不是其他的特点？是谁决定了我的性格呢？其实在教育孩子的过程中，甚至在我们的一生中，这都是一个值得深思的话题，追问到最后，我们就会看到人的本质。人的本质最大的特点就是我们拥有自我意识，能够觉察到自己，换句话说，就是我们能够建立"我是谁"的概念。

我们都知道，一个孩子从两岁半就建立了"我是谁"的概念，孩子在这个时候第一次能分清楚你我他。例如，如果跟孩子说："去喊你爸爸过来吃饭。"小孩就屁颠屁颠地去找爸爸，又颠颠儿地跑回来给妈妈汇报说："爸爸说等会儿。"到两岁半后，孩子就会告诉你："妈妈，我爸爸说等一会儿。"

当孩子说出"我"这个字的时候，我们必须意识到，孩子开始建构"我是谁"的概念了。于是，这个孩子开始拿起画笔，用一生的时间去完成一幅自画像。他这一生都在不停地画，不停地修改。他有时候会苦恼，这个地方能修改；有时候又会很困扰，好像有些地方修改不了。有的孩子很满意他的自画像，有的孩子画出来的自画像连他自己都嫌弃。

我们是如何完成这样一幅自画像的呢？如果大家感兴趣的话，可以拿起画笔，闭上眼睛，在自己面前摊开一张白纸，想象自己的样子，在纸上画下来。画完之后，拿出一面镜子，对照着镜子里的自己再画一幅。如果你没有经过专业训练，闭着眼睛画出来的自画像，可能会把鼻子画到额头上，或者两只眼睛一个在上面，一个在下面。但是照着镜子画出来的就不会这样。所以，人要完成自画像，需要有一面镜子，而这面镜子就是别人的态度，我们借由他人来完成对自我的认知。

别人看我们的眼神、别人对我们的态度，以及别人对我们的行为做出的反映……我们是借由这些综合反馈，慢慢地理解我是谁的。于是，我们拿起画笔，通过别人眼睛中的自己描摹自己的模样，同时也在建构着自己的未来。

一开始，孩子关于自己是谁的认识，基本上是借由爸爸妈妈来完成的。所以，孩子画出来的那幅自画像，不一定是真实的自己。但不管画成什么样，都是这个孩子借由别人的眼睛和态度感知自我，进而在白纸上画出了自己的模样。

这就是孩子理解的关于"我是谁"的概念：我长得好看还是不好看？我是一个值得被爱的人还是不值得被爱的人？我眼前的这幅画——我画的这个自己，是让自己很喜欢呢，还是让自己很厌烦？当然了，没有哪个孩子希望画出来一幅连自己都不喜欢的画。但是我们借由别人的眼睛、态度，完成了自己的自画像，这是不争的事实。

通过皮格马利翁效应，我们就能了解到别人的态度是怎么影响我们的行为的。1963年，美国心理学家罗森塔尔做过一个迷津实验，他把老鼠分成两拨，并告诉第一批实验者说："你们领到的是聪明的老鼠，很容易训练。"又告诉另外一批实验者说："你们领到的是笨拙的老鼠，需要好好训练。"领到聪明老鼠的这批实验者对老鼠比较有耐心，在训练的过程中能够更快、更好地训练这批老鼠走出迷宫。而领到笨拙老鼠的这批实验者明显少了一些耐心，最后这批老鼠的迷津实验效果就很差。

其实，老鼠是一样的老鼠，区别就在于实验者有一个先有概念：这是一批聪明老鼠或笨拙老鼠，这种先有概念导致了实验者对这两批老鼠的态度完全不一样。如果是家长面对孩子呢？你是把你的孩子当成"聪明老鼠"来对待呢？还是当成"笨拙老鼠"来对待？如果把孩子当成"笨拙的老鼠"，我们对孩子的态度或许会打一些折扣，也很难有足够的耐心，因为在我们的大脑中对于孩子也有一幅画像，所以会用对待"笨拙老鼠"的态度去对待孩子。最后我们会发现，这个孩子完成的自画像，一定会跟我们想象的一致——他把自己活成了"笨拙老鼠"的模样。那是因为你对他态度不友好，没耐心，孩子通过我们的态度了解了自己，他努力地画呀画，最后却画出一只"笨拙老鼠"。所以，我们脑海中关于孩子是谁这个先有概念，决定了我们对他的态度。

后来，罗森塔尔又在一所小学抽出 18 名学生，并对学校教师讲："我们在做一个未来发展趋势的测验，我们挑选的这批学生都属于智力超群、极有潜力，在未来容易获得成功的学生，一定要特别关注，因为他们将来会成为一群了不起的人。"罗森塔尔半年之后又来到学校，找到这 18 名学生，发现他们这半年内在学业、自律性等方面，都发生了显著变化。

为什么会发生这种现象呢？那是因为罗森塔尔告诉教师，这18 名学生都会有很好的未来。当教师脑海中有了这样一个先有概念后，就会把这 18 名学生当作了不起的人去对待。结果这 18名学生身上，就发生了奇妙的变化。由此可知，老师对学生的态度会直接影响学生建立"我是谁"的概念，在完成自画像的时候，学生会画出一个令自己满意的模样。当孩子有了这样一个"我是谁"的自我概念后，他在现实生活中所表现出来的一言一行，跟他画出来的那个自己是匹配的，这就是态度的惊人魔力。

我在读高中的时候，遇到了两位令我印象深刻的老师。一位是高中二年级的班主任老师，我借由他对我的态度，画出了一个"我"，现在想想那简直就是一只"刺猬"。这位老师不断地挑我身上的毛病，用一种恨铁不成钢的态度对待我。那是因为他脑海里预先拥有的一个概念：这是一块成不了钢的铁。如果他认为我能成为钢，何来恨铁不成钢呢？

现在想一想，我在遇到他之前，自我感觉还是挺好的。直到遇见了这位带着"恨铁不成钢"先有概念的老师，在他的影响下，我手忙脚乱地把自己画成了"刺猬"。

当时的我总是跟班主任老师对着干，而我越跟他对着干，他就越挑我的毛病。因为当我跟他对着干时，很容易帮他按下确认键。确认什么呢？他会更相信我成不了"钢"，更容易把我当一块"铁"来对待。在他的信念里：你看这孩子，越来越像一块"铁"了吧，怎么能成"钢"呢？然后他就变本加厉地挑我的毛病，指责我，对我提更高的要求。直到我完成这幅"刺猬"的画像——浑身是刺，不好好学习，还逃学。于是，我就从高一时候全年级第六名好成绩的好孩子、一个理科快班的班长，变成了一个辍学的学生（高二结束我就休学了）。我本来想证明自己不是老师眼中的那个样子，可结果却把自己画成了"刺猬"！我是多么温和的孩子呀，怎么就画了一幅这样的自画像呢？

休学一年后，我又回到学校，遇到了第二位班主任老师。这是一位特别好的老师，他特别尊重我，还带我去找各科老师请教学习方法。我在学校里无法坚持半个月的学习，他就开"绿灯"，让我休息两天，再慢慢来。他认为我很聪明，一定能考上大学。我的这位班主任老师帮我完成了另外一幅自画像，让我画出了一个更好的自己。

慢慢地我发现：我从不适应环境，到努力去适应环境；从不自律、不自觉，慢慢变得自律、自觉；从在意同学对我的看法，到开始不太在乎他们的看法。这一切的改变都是因为我的班主任老师的鼓励，他认为我能考上大学，我将来会成为一个了不起的人。

这或许就是皮格马利翁效应。我的班主任老师在现实生活中，好像是在我身上完成了这样一个了不起的实验，最后我超预期考上了本科。

他人就是一面镜子，当他人预先把你想成一个值得信赖的人、一个有着远大前程的人、一个善良的人、一个有无限潜能的人时，我们就借由他人这面镜子，借由他人的眼睛和态度，建立了"我是谁"的概念，画出了一幅令自己比较满意的自画像，也借由这幅自画像活成了那个还不错的自己。

那么，假如我跟第二个班主任老师关系不好会怎样呢？存在主义大师让 - 保罗·萨特说过一句话：与他人关系恶化时，他人即地狱。

萨特写过一出戏剧叫《禁闭》，里边描述了三个死后被投入地狱的罪人，三人在地狱的密室中相遇，那间密室里没有镜子，他们只能借由对方来了解自己。这三个人分别是：邮政局小职员伊内丝、巴黎贵妇艾丝黛尔、报社编辑加尔森。当他们在地狱密室初次相遇时，彼此之间很戒备，相互隐瞒以前的劣迹：加尔森竭力要让他人相信自己是英雄，实际上他是个在第二次世界大战中因临阵脱逃要被处死的胆小鬼，同时又是个沉溺酒色、折磨妻子的虐待狂；艾丝黛尔掩饰色情狂的身份和杀婴罪责，诡称自己是一个为了年老的丈夫而断送了青春的贞洁女子；伊内丝则充满敌意地牢记"他人"的存在，以求尽可能地包藏自己同性恋的往昔。

他们不仅封闭自己，还相互"拷问"，每个人无时不在"他人的目光"中存在并受到审视与监督。由于他们以前恶习不改，真实面目迅速暴露。一旦暴露，便无所顾忌，三人间形成了一种相互追逐、相互排斥的双向型三角关系：加尔森希望得到伊内丝，拒绝艾丝黛尔；伊内丝希望得到艾丝黛尔，拒绝加尔森；艾丝黛尔希望得到加尔森，拒绝伊内丝。三个痛苦的灵魂像坐上了旋转木马，陷入永远相互追逐又追逐不到的境况中，这种相互的追逐成了一场不堪其苦的煎熬，谁也不能得到，谁也不能安宁，谁也不能退场，其苦状若身陷无间地狱。最终，加尔森悟得地狱之中并无刑具的道理："何必用烤架呢，他人就是地狱！"

从这里我们可以看出，假如父母跟孩子关系不好，孩子借由父母对他的态度这面镜子，每天都在画着令自己讨厌的自画像，而且也会逐渐活成跟自画像几乎相同的模样。父母也因为孩子的叛逆、拖延和不学习，画出一个垂头丧气、无能为力，连自己都不喜欢的父亲（母亲）的模样，并渐渐活成了这副样子。

我们这样对待孩子，孩子又以同样的方式对待我们，互相折磨得彼此疲惫不堪，像生活在地狱中。最后，我们活成了一个失败的父亲（母亲），孩子活成了一只"笨拙的老鼠"或"刺猬"，活成了一个连自己都讨厌的人。这就是皮格马利翁效应和萨特的"他人即地狱"。

有一句话：龙生龙凤生凤，老鼠生来会打洞。现在我们明白了，在教育孩子之前，我们首先要了解人是如何建构自己的，如果我们先给孩子画了一幅画像，恨铁不成钢，其实就是用一种对待铁的态度来对孩子，最后他怎么能成为钢呢？

我们如果不了解这一点，就相当于把孩子送到了萨特的"他人即地狱"里，却还在指责孩子：因为你不听话，因为你不学习，因为你天天逆反，所以你才成了这样。其实是因为我们通过自己的态度，在脑海里预先为孩子画了一幅像，才导致孩子成了现在的样子。

在伦理学上有一个重要的观点：如果你想让你的孩子在现实生活中获得幸福，就要把他当成人来对待，把他培养成真正意义上的人。在社会化的过程中，我们都想把孩子培养成为一个道德感强、善良、有抱负、有自信、有尊严、有责任的人。但是要培养成这样一个孩子，前提是你得先是这样的人，你要先问一下自己：我活得有自尊、有自信、有责任吗？我有自己独立的精神生活吗？我有同情心吗？我有进取心吗？我有良好的行为习惯吗？我要求孩子学习，我自己在学习吗？我是一个完美的人吗？我爱我自己吗？这曾经也是伦理学的困惑。研究到现在，伦理学的一个重大发现是：你得先是人，你得先把自己活出人的模样、人的精彩。你要想让孩子借用你的眼睛走向充满爱的人生，你得先进入爱的状态。

另一位存在主义的大师海德格尔，把人描述成两个状态：一是"非本真状态"，二是"本真状态"。孩子最初始的状态就是"非本真状态"，孩子会为了安全感的需要，放弃自己的想法，趋同父母的感受，听父母的话，取悦他们，讨好他们，喜欢着他们的喜欢，悲伤着他们的悲伤。在这样的环境中，孩子这种天然的依恋关系导致他失去自我、依赖父母，这是人的初始状态，就是"非本真状态"。

"本真状态"，就是我们能根据自身的愿望，努力活成自己期望的样子，不断地充盈自身，不活在别人的评价、期望和态度里，拥有强烈的自我意识，这也是我们未来培养孩子的方向。

海德格尔把它叫作"沉沦"，这个"沉沦"不是贬义词，而是我们往往认为，跟别人保持一致的步调会更加安全。比如，大家都给孩子报培训班，那么报培训班对孩子有利还是无利？是不是拔苗助长？会不会对未来孩子的可持续发展带来影响？我们不去考虑这些问题，而是看到大家都报我就报，大家都这么做我就这么做，这就是"沉沦"。

有人做了一个电梯实验：电梯里有 5 个人，某一层电梯门打开，又上来一个人。电梯正往上走时，突然这 5 个人抱头蹲下——他们是事先商量好的。新来的人不知道出了什么情况，左右看了一下，也马上抱头蹲下了。他不知道大家为什么蹲下来，让他自己蹲下来的原因，就是别人都这样做了。这就叫"沉沦"，别人干什么我就干什么，因为在我们看来，这样是更安全的。它与对错没有关系，与事实也没有关系。

海德格尔讲，人生有三大"沉沦"：闲聊、好奇、踌躇。

第一个"沉沦"是闲聊。有的人很享受有人跟他聊天，一旦有人跟他聊得来，他就没完没了，渐渐远离了谈话的具体内容。比如，小时候我妈就喜欢端着碗去街上吃饭，我也端着小碗跟着去了，看到一群成年人在那闲谈，大家比谁的衣服、鞋子好看，比谁家吃的菜好，一群"沉沦"的人，把这种闲聊当成了生活方式，而不在意谈话的内容。这样的人，最后自然也会将自己的生活陷入"沉沦"的境地。

柏拉图有一句话：智者说话，是因为他们有话要说；愚者说话，则是因为他们想说。如果想避免"沉沦"，活出一个更本真的自己，就要避免受别人的态度和评判的影响，不要轻易地"沉沦"在这种别人非理性的状态中。我们要有意识地提醒自己闲话少说，做一个真正有话要说的人。

第二个"沉沦"是浮于表面的好奇。很多人"沉沦"的原因是因为好奇，而好奇是因为欲望在作祟。比如对异性的好奇、对手机的好奇、对游戏的好奇、对娱乐享受的好奇，他们用浮于表面的好奇取代了探究生活的惊喜。对科学的研究始于惊奇，那些科学家之所以成为了不起的科学家，是因为始于惊奇而不是好奇。

如果只是追随着浮于表面的好奇，很快就会"沉沦"到生活中，变成一个被他人的态度所左右、命运交到他人手里的人，一旦沦为"他者"，命运也就无法由自己主宰了。所以，我们要探究生活的惊奇，而不仅仅是好奇。

第三个"沉沦"是踌躇。即处在一种似是而非的状态，对待事物经常是一种模棱两可的态度，这样也行，那样也行。我们一旦采取这种似是而非的生活状态，就会放弃对于真理、知识和确定性的追求。避免这种"沉沦"，最好的方法就是诚实——是什么就是什么，千万别说什么都可以。

回顾一下不少人的处事方式，第一种就是海德格尔讲的"沉沦"，失去了自我、依赖别人。自己一生的命运都是借由别人来完成的。我们是什么样的父母，都是借由他人、群体以及孩子的态度来决定的，而我们自己却没有决定和筹划自身的能力。

"非本真状态"是一个丧失自我、走向众人的状态。仔细想想，我们很多人都是这样的，就像做了一场梦，稀里糊涂的人生就走到终点了。我们活成了自己都不喜欢的模样，既没有把日子过好，也没有把孩子培养成才，仿佛醉生梦死了一场，连我们自己都不知道怎么回事。

比"醉生梦死"好一点的状态是我们一半是清醒的，一半还处在醉酒的状态。我们有很多困扰，有时候容易被他人的态度影响，但是我们已经意识到这种"沉沦"的状态。我们之所以是今天这个样子，是被别人的态度决定的；孩子这个样子，是由我们的态度决定的。小孩是无法独立明白他是谁的，必须借由成年人的态度，孩子最初就处在"非本真状态"。但是我们成年人可以试着摆脱这种沉沦，做自己命运的主人，做让自己喜欢、让孩子喜欢的父母。

我们要想把孩子培养成真正的人，前提是我们得先是一个能清醒认识自我的人。我们有了这样的意识、觉察、清醒，命运才不会掌握在别人手里，我们才有机会活出自己喜欢的样子，有能力筹划自己的未来，画出一幅令自己喜欢的自画像，培养出自己期望中的孩子。如果我们真的掌握了态度的魔力，我们的人生将不再是梦一场，不再是单纯的一种期望或者妄想。

我推荐大家听一下叶倩文的歌曲《潇洒走一回》，那就是"向死而在"的状态。人总有一天会死，当人处在一种"向死而在"状态的时候，我们才真正有能力去谋划自己的未来，有能力活出自己期望的样子，不再被别人的态度、评判所干扰和影响，不再进入"他人即地狱"的状态，而是能活出一个更真实、更有力量的自己，这就属于比较高的境界了。

我想有一天，我们会完成这种由醉生梦死到"留一半清醒留一半醉"，然后再到向死而生的转变。我们要摆脱干扰，摆脱把命运交到别人手里的境遇。

当我们掌握了这种普适性的方法论，开始有能力把控自己的教育走向，对于未来能成为什么样的父母、教育出什么样的孩子更是有了主控感时，就说明我们真学懂了。

在教育孩子的过程中，我们的先有概念是什么？我们的存在方式是什么？我们如何培养出期望中的孩子，建构自己期望的生活，不受那面镜子的干扰和影响，让自己走向无限美好的未来？这些都可以运用这个原理、工具来完成。

现在，我们或许已经拥有了一把雕塑孩子、雕塑自己、雕塑生活的神奇刻刀，你有没有感觉到更有力量、更有掌控感了呢？去内化与建构吧！把它变成自己的生活。期待着我们能成为更好的自己，期待着孩子拥有更好的未来，更期待着孩子们能画出一幅令自己真正满意的自画像，活成令自己满意的人。

第四章

陪伴的温度

　　"陪伴"和"陪伴到"是两个不同的概念，有些人一直以为自己在陪伴，其实自己的火把并没温暖到别人，也没温暖到自己。所以，我们要努力"陪伴到"另一个生命，用自己微弱的火把温暖别人的同时，也能成长自己，去除评判和功利，扩大自己的视域半径，而不是只做到流于形式的陪伴。

对于陪伴，我们有很多形式上的解读。记得在扬州的时候，有一次跟教育局的几位老领导吃饭，一位老领导把自己正上幼儿园的小孙女从上海带过来了，小姑娘特别活泼可爱。饭吃到一半，小姑娘突然要给大家表演才艺。我现在回想一下，一群成年人在那聊天，聊的话题肯定不是小姑娘感兴趣的，与其说我们在陪伴小姑娘，不如说是小姑娘在努力地陪伴我们。

所以，饭吃到一半的时候，小姑娘站起来说："嘿，我给你们唱首歌吧！"我们出于礼貌，都停下了筷子，放下了酒杯，停止了交谈，然后礼貌性和社交性地响起了一片掌声。小姑娘就把幼儿园里学到的歌唱给我们听，歌声很稚嫩、很动听，小姑娘就一首接一首地唱。"嘿，都别说话，要不我再给你们跳个舞吧！"我们就又停下筷子，放下酒杯，看小姑娘跳舞。歌唱完了，舞也跳完了，小姑娘又喊了一声："嘿，我给你们宣布一件事情，从今天起，我要嫁给杨老师！"孩子的童言稚语里充满了可爱，但又让我们很费解。

我们第一次见面，小姑娘怎么唱完歌、跳完舞就要"嫁给我"呢？这让我很诧异。后来宴会临近尾声，小姑娘跑过来给了我一个拥抱，并向我重复道："杨老师，我要嫁给你。"

后来我想明白了，小姑娘开始唱歌的时候，需要大家用耳朵去聆听，因为我特别喜欢孩子，觉得孩子的歌声很稚嫩，很好听，就不自觉地被孩子的歌声吸引了，一直在听孩子唱歌。后来孩子又要跳舞，我那时候就知道，小孩子跳舞一方面是为了展现才艺，另一方面是为了让大家关注她，因为她唱歌时，大家心不在焉地听着，那么给大家跳舞，大家能不能专注地看呢？结果孩子经历了第二次失望——跳舞的时候还是没多少人看，只是在最后礼貌地给点掌声。

小女孩又唱歌又跳舞，如果说没有人陪着她吧，事实上大家都陪着呢。如果说陪伴了，小孩的才艺、感受以及自己这个人，似乎并没有被看见。孩子说要嫁给我，其实我觉得是对我的行为的肯定，仿佛在说："杨老师你这样做是对的，我喜欢你，我喜欢你尊重我。"

这就是我们对于陪伴认识的一个误区：貌合神离，人在一起而心不在一起。我们觉得自己和孩子在一起，但是孩子很多时候都感觉自己一个人在做作业、看电视、唱歌、跳舞。而作为父母的我们，做着工作，看着手机，读着书，对孩子心不在焉，与孩子貌合神离。所以，这种陪伴只是人在一起，心并没在一起。

陪伴的第二个误区：带着目的去陪伴。有的家长陪伴孩子是带着目的的。有次我讲"爱到最美是陪伴"的课程，下课后，有个小女孩对我说："杨老师你说得不对，你这样会误导家长，陪伴有两种：一种是有情陪伴，一种是有毒陪伴。我爸妈对我就是有毒陪伴，他们陪着还不如别陪着。他们陪着我，跟我说话，总是带着目的。比如，什么时候去学习啊、什么时候争点气可以进步呀、什么时候去补课呀……这些话带着很强的目的性，而且你再看他们那张脸——脸上会放毒，让人看着浑身不舒服，这种陪伴宁可不要。"所以，孩子要的是有情陪伴，而不是有毒陪伴。

陪伴的第三个误区：移动的监控器。家长因为对孩子的行为不放心而监视孩子的一举一动，却误以为这就是陪伴。家长跟孩子形影不离，其实是对孩子不放心，害怕他玩游戏、不写作业、不自律，更害怕孩子养成坏习惯、走弯路。我们和孩子的这种形影不离不叫陪伴，其实是移动的监控器。

有一位爸爸因为孩子上学遇到点问题，就无心上班，想留在家看着孩子。我当时看到这位爸爸心力交瘁、疲惫不堪的样子，就劝他转移一下注意力，出去散散心，听听董进宇博士的课，万一有什么启发呢。他说："我知道要学习，但是我不行，我离不开，我得看着孩子。"我一开始以为他在找借口，就没再劝。过了一段时间，孩子的情况没有变好，父子关系却变得更僵，爸爸都不想工作了，整天唉声叹气的。我就再次劝爸爸一起出来学习学习，改变一下环境，转换一下思维方式。那次爸爸又讲道："孩子这样，我一步都不能离开。我知道我需要学习，我肯定有问题，但是我做不到离开他，我必须看着他。"那一刻我知道，这位爸爸可能被一种深深的恐惧抓住了。后来在孩子妈妈的推动下，爸爸才依依不舍地离开了孩子去工作。

这种陪伴很容易流于形式，或者带着目的，或者带着情绪陪孩子。我们不够快乐，不够幸福，我们需要借由孩子来获得幸福，我们的灵魂就寄生在另外一个人的灵魂上。这种陪伴会让人感觉特别累，给人造成很大的精神负担。那么，什么是真正意义的陪伴呢？

2019 年，我带着扬州的家长和孩子去敦煌游学。当时，一个孩子和我住一个房间，他到那儿就是玩游戏，不跟别人交流，我一时有点儿无法适应这种状况。不过慢慢地，我感觉跟他在一起越来越舒服，最起码我没有给他造成困扰，没有在情绪上绑架他，也没有过多地去说教、评判他，他的自由度就更高了，我想他也会感觉到舒服。

直到去看《又见敦煌》，他一直跟着我，那时候我们情感上的黏合度比较高了。《又见敦煌》讲述了这样一个故事：100 多年前有个王道士，他因把敦煌文物卖给外国人而被国人视为千古罪人，经常被骂。然后王道士穿越到现代，跟跟跄跄地走在敦煌壁画下面，痛哭流涕地说："为什么所有人都骂我，骂了 100 年了，还在骂我！我错了吗，谁能告诉我？即使我错了，骂了 100 多年，也够了吧！"这时，有一位菩萨从壁画里飞了出来。王道士仰望着菩萨，菩萨俯视着王道士，把手缓缓地伸向王道士的头顶，对王道士说了一句话："我原谅你，我和你在一起。"菩萨说到这儿，王道士就号啕大哭，压抑了 100 多年的委屈和苦闷，好像在这一刻全部都释放出来了。

看着看着，发现自己不知道什么时候已泪流满面了，又看了一下旁边跟我同室的孩子，也已经泪流满面，甚至哭得比我还凶。我从来没有看到过这个孩子这么动情，他总是跟人保持距离，不怎么说话，也不怎么交朋友。这个时候我才觉察到，我们经历了一场特别的陪伴。那段故事，以及菩萨的那句话，使我们好像在不知不觉中经历了一次穿越岁月的陪伴，我们被这一幕深深温暖着、感动着。

我当时就对陪伴有了一种升华之后的理解。通俗地讲，陪伴就是菩萨那句话：我原谅你，我和你在一起。我特别希望以后在陪伴家长、孩子的过程中，能往这个方向去奋斗，特别希望作为一名教育工作者的我也能成为这样一个人：包容、悦纳、原谅他人身上的错误、缺点，包容不同的价值观。

这次事件让我对陪伴有了更深的理解，也感受到陪伴的力量居然如此强大，更让我震惊的是我们看过《又见敦煌》之后，那个孩子身上发生的惊人变化。第一个变化是，四五年没上学的孩子，现在居然有上学的意愿了，开始一次次问我：我还能不能上学，像我这样的人，还有没有机会考大学，我应该怎么选择？第二个变化是孩子开始尝试着交朋友了。第三个变化是孩子的性格开朗了，说话风趣幽默，还会主动分享自己的感受。他说在看《又见敦煌》之前，他从来没想过人是可以被原谅的，王道士都被原谅了，他为什么不能原谅爸爸妈妈呢？孩子的这个神奇的转变就来源于一个穿越百年的陪伴，来源于那么简简单单的一句话：我原谅你，我和你在一起。

如果说我们都有一种信仰陪伴，如王道士信仰菩萨，相信真善美，相信头上三尺有神灵，那么孩子的信仰呢？可能在这个世界上，孩子的信仰永远是父母，父母就是他们头上的三尺神灵。有多少父母能把手缓缓地伸到孩子头上，对着自己的孩子说一声：无论你做了什么，无论你有什么缺点，我都原谅你，爸爸妈妈永远和你在一起。如果哪个孩子有幸遇见这样的陪伴，我相信他在精神上一定是富足的，这样的孩子是幸运的。这个是我感性上对陪伴的理解。

如果给陪伴一个学术上的定义，如德国哲学家伽达默尔的解释学描述：陪伴就是两个立场发生在一个共同视域的理解和交流。伽达默尔在解释学上讲的立场，指的是每个人作为一个主体的立场。前面我们讲人是主体，主体意味着每个人都是一个主权独立的国王，也就是尼采说的那句：上帝死了，你自由了。没有上帝，你就是自己的上帝，就是自己的王，就是自己命运的主人。每个国王都有自己的主权，那么他的领土是什么呢？就是他经历了什么、感受了什么，以及他与周围的人和环境互动形成了什么样的观念。事实上，就是形成了一个关于"我是谁"的概念，这些构成了他的疆域，他就是这个疆域里面的主宰。

每个人对这个世界的理解都不一样，一千个人眼中有一千个哈姆雷特。换句话说，我们思考问题以及行为实践只能从自己的立场出发，因为人的主体性决定了我们只能拥有自己的立场。

那么，什么叫视域呢？视域就是基于背景知识，从自己的角度看到的关于事物的理解范围。通俗地理解就是你的人生经验、知识背景让你能理解到的范围。

再来看两个主体在各自的立场上发生在一个共同视域的理解和交流，这句话的意思就是两个不同的立场产生了一个共同的视域。比如，你在 A 点看，我在 B 点看，每个人看到的范围都是扇形的，这两个扇形在一个地方有了交叉，那么我们两人只能在共同交叉的范围内产生交流、共鸣。所以，陪伴是每一个独立的主体立场在共同视域里发生了交流，完成了互动，这就是陪伴的深层含义。

那么，陪伴有什么作用呢？

一是可以消除孩子的恐惧。每个孩子来到这个世界上都是缺乏安全感的，需要成人的陪伴。一般两岁半以前的孩子，主体意识还很弱，会趋同父母，完全和父母的立场在一起，不加任何思索和评判地接受父母的一切。孩子感受着父母的感受，所以生命早期真正意义的陪伴得以发生，这在很大程度上消除了孩子的恐惧。

二是陪伴会抚慰孤独。孤独是人的宿命，唯有爱和友谊能抚慰。我们永远不可能完全站在另外一个立场去生活，孩子的路只能自己走，家长替代不了。我们只能站在自己的立场上，根据自己的经验去猜测孩子的痛苦，永远无法直接感同身受孩子的痛苦。每个人都是孤独的，只能自己面对自己的人生，独自承担自己的痛苦，没人能够代替。我们都是一群寻求抚慰的孤独的灵魂，我们需要去寻找同类，需要他人的理解。人和人在相互理解的前提下，爱和友谊才能抚慰对方的孤独，否则孤独就是我们不能承受之重。

如果一个人安全感不足，那么，他在遇到障碍时就很难正确地与人互动，就会时刻处在恐惧中，无法正面解读人的行为。因此，也就更难与人发生相互的理解与沟通交流，更难得到抚慰。

三是陪伴可以产生理解，进而有效沟通。如果没有深刻的理解陪伴，即使每天和孩子在一起，孩子在精神上仍然是一个留守儿童。就像在冰天雪地里踽踽独行的背包客一样，他的生命是冰冷的，给人的感觉是冷漠惊恐的，他的内心有一团情感的火，却温暖不了自己，他是那么的冰冷、那么的恐惧、那么的孤独。他高举着爱的火把，却是一个冰冷的生命。只有陪伴真正发生，人才会有温度。就像一个火把和另一个火把相遇了，我们用自己的火把温暖他人，他人也用自己的火把温暖我们。孩子需要父母爱的火把，父母何尝不需要孩子爱的火把呢？

那么，怎样才能更好地陪伴孩子呢？

第一，去除评判，防止自己的立场被侵犯。我遇到过各种各样的孩子，有一些孩子的言谈举止和价值标准跟我是一致的，我就喜欢这类孩子；而有的孩子跟我的价值观有冲突，我就会不喜欢。甚至我们的价值观会自动地把人分成好坏、美丑、善恶。如果我们对另一个生命有过多的评判，我们的价值观就会自动起作用，把与我们价值观不一致的加以排除或者将之归为丑的、恶的、不道德的，那么这样的两个生命是无法靠近的，也很难走进一个共同的视域。为什么呢？伽达默尔在他的解释学里讲得特别好：当我们去评判一个人，必然造成一种局面，一个孩子一旦表现得不如我们所愿，那么我们的立场就容易被侵犯。比如，孩子表现不好的时候，我们为什么会暴跳如雷、气急败坏？就是因为孩子不好的表现冒犯了我们作为父母的立场。

所以，去除评判是防止我们的立场被冒犯的一种方式。当你不再评判一个人的时候，你同时也捍卫了自己的立场，不会随意被冒犯，更不会因为孩子的学习不好觉得被冒犯，也不会因为孩子说脏话觉得被冒犯。你不会因为孩子行为与你期望的不一致觉得被冒犯，你会发现你允许多元的价值观、不同的行为，允许孩子如其所是。

第二，去除功利，避免注意力从人转移到其他事物身上。我们陪伴的对象是人，如果我们带着功利目的接近一个人，我们的注意力就很容易从陪伴对象转移到功利心上，从而忽视了真正的陪伴。

第三，陪伴孩子时要投其所好，扩大自己的视域半径。如果把孩子看成一个半径为 1 米的小圆，我们就是半径为 10 米的大圆。我们需要通过扩大自己视域半径，尽可能地与孩子的视域交叉。最后，你也许会发现，不是我们成就了孩子，而是孩子成就了我们。只有在交叉的视域范围里，两个人的火把才能相互取暖，彼此温暖对方。

总之，"陪伴"和"陪伴到"是两个不同的概念，有些人一直以为自己在陪伴，其实自己的火把并没温暖到别人，别人也没温暖到自己。所以，我们要努力去"陪伴到"另一个生命，用自己微弱的火把去温暖别人，逐渐成长自己，去除评判，去除功利，扩大自己的视域半径，而不是只做到流于形式的"陪伴"。

第五章

真爱的显现

以前我们用感受物质世界的思维方式看待爱，将其当成实物占有或给予的思路是错误的。因为，爱是一直存在的，就像阴天的时候，太阳依旧在云层上方散发着夺目的光彩，只是乌云下的人们看不见而已。由此，爱的修炼就是让其穿过乌云，在生活中显现出来的过程。

在教育孩子的过程中，家长的爱是不可或缺的。生活在没有爱的家庭里，孩子就会变得自卑而胆怯、冷漠而自私，就像一棵无法成材的树、一朵不会开的花。许多家长在寻找、训练爱的路上屡屡碰壁，进而对如何产生爱意感到迷茫。在这一章中，我会主要围绕如何找到真爱以及如何用正确的方式修炼真爱这两个主题进行讲解。

那么，真爱究竟是什么？董过宇老师曾在家长训练营说过："爱是一个生命喜欢另一个生命的美好感情。"由此可见，爱建立在生命与生命的相遇与交际上，而不是单个生命凭空创造的。

"爱是一种平等的关系。"

"爱是无条件的。"

"爱是完整的接纳。"这意味着爱一个人或一件事，不能只接受其优点，也要接纳其缺点。

"爱的有无由被爱者决定。"也就是无法由父母来决定。

我第二次直观了解爱，是通过泰戈尔的诗歌《论爱》：

爱装饰着它自己，用外表之美证明内在的欢乐。

爱不主张占有，而是给予自由。

爱是无穷无尽的谜，无法被其他事物解释。

爱之礼无法主动施舍，唯有被人期待着接受。

第三次了解爱来源于《圣经》：

爱是恒久忍耐，又有恩慈；爱是不嫉妒，爱是不自夸，不张狂，不做害羞的事，不求自己的益处，不轻易发怒，不计算人的恶，不喜欢不义，只喜欢真理；凡事包容，凡事相信，凡事盼望，凡事忍耐；爱是永不止息。

此外，我还建议家长们阅读丹麦哲学家索伦·克尔凯郭尔的话：

是什么能使一个人变得伟大，受造物之仰慕？

是什么能使一个人坚强时比全世界的人都坚强，软弱时比一个小孩还软弱？是爱！

是什么比万物都要古老？是爱！

是什么比凡事都要恒久？是爱！

是什么不能被占有但常占有一切？是爱！

是什么不能被给予但常给予一切？是爱！

是什么当万物消逝时它仍存在？是爱！

是什么当所有抚慰都无济于事时它能够抚慰？是爱！

是什么当一切都改变时它依旧？是爱！

是什么当先知都静默无声时它证言？是爱！

是什么当幻想完结时它不完结？是爱！

是什么当隐晦的话语止息时它散发光芒？是爱！

是什么能赋予言语以精义？是爱！

是什么能使愚拙之人的言辞变成遗世哲言？是爱！

是什么即使万物都被改变它也永远不会被改变？是爱！

是什么决不会变成它物？是爱！

……

读完这些，爱在我心中便具象化为太阳，用其巨大的能量赋予万物生机，可以直白热烈，也能温柔迷人。人类的物质生活离不开太阳，而爱，就是我们精神世界的太阳。

这让我意识到以前我们用感受物质世界的思维方式看待爱，将其当成实物，并想将其占有和绐予的思路是错误的，因为爱是一直都存在的。就像阴天的时候，太阳依旧在云层上方散发着夺目的光彩，只是乌云下的人们看不见而已。由此，爱的修炼就是让其穿过乌云，在生活中显现出来的过程。

曾经有位家长，她的孩子已经一年多没有上学了，她说她对孩子"恨"得牙痒痒，更别说去爱孩子了。用上述思路理解，这位母亲对孩子不是不爱，而是母子间的爱被乌云挡住无法显现。我随即问那位母亲："假设上帝真实存在，他告诉你，在未来你的孩子会成为中国的爱因斯坦，你现在能够爱他吗？"这位家长顿时眉开眼笑，回答道："要是提前知道孩子将来会如此成功，他不上学我也没有怨言。"我又问："还是提前告诉你一个信息，这次是五年之后，你和孩子的缘分就会结束，一辈子都见不到对方，你又会如何对待自己的孩子？"这位母亲顿时眼眶湿润了，回答说："如果是这样，不论我的孩子怎样，我都会全身心地去爱他，不会批评他一句，不会让他感到悲伤，珍惜我和他在一起的分分秒秒。"问完这两个问题，这位家长已不再用功利化的心态纠结孩子的未来了，而是一下子柔软下来，开始在意、珍惜起自己能陪伴孩子的时光。通过这个故事，我们会明白：对于不确定性的恐惧就是遮住爱的太阳的一片片乌云，它让我们的爱无法在生活中显现。

5·12汶川大地震那年，大家可能看过这样一条新闻：一位母亲被发现时双膝跪地呈匍匐状，身体被房屋压得变形，已死去多时。但当救援人员救出她身下襁褓中几个月大的婴儿时，才明白这位母亲是牺牲了自己，为孩子承受了地震时所有的冲击。"母爱"一词，在此被诠释得淋漓尽致。去年，湖人队球星科比因飞机事故去世。他的遗骸显示，他正向上托举着女儿，试图将其送出舱外。虽然没有成功，父亲生命中最后的这份爱却让许多人泪目。从数不胜数的事件中，我们会发现，大难来临时，人间的真爱从来不会缺失。因为一旦灾难降临，生命的价值将远高于一切，爱会让人瞬间迸发出前所未有的勇气和力量，强大到连死神都会屈服。

法国著名作家巴尔扎克说过："评判得越多，爱得越少。"在我们以世俗的眼光评判孩子和这个世界时，我们心中的标准越多，爱就越少。而当灾难来临，生命价值大于一切时，人们就会摒弃各种世俗的价值观，爱就得以充分显现。

有一位女儿已辍学在家两年的爸爸告诉我，他学会了接受和放低期待，因此和女儿的关系越来越和睦，女儿后来也重新回到了学校。然而，在女儿重新上学之后，他又开始拔高期待，总觉得女儿这儿不好、那儿不好，终于女儿在被他打了一次后，又不愿去上学了。很多家长可能都有这种感觉，觉得爱就像一个谜，怀抱期待时不显现，降低期待后又出现。引用作家保罗·科埃略的话说，"爱是一种未驯服的力量。当我们试图控制它时，它会摧毁我们"。

那么，我们要怎么做呢？印度哲学家克里希那穆提给出了一个可行的答案："当你真的体认到爱的时候，自我已经消失了。"也就是说，真正的爱并不掺杂对对方的评判。

我们可能还见过这种现象：恋爱中的情侣一旦结婚，恋爱的感觉就消失不见了。造成这种现象的原因是，热恋中的情侣是自由平等的关系，一旦结婚，对对方的控制欲和占有欲往往大于爱本身，由此爱就"隐身"了。这个现象恰好印证了董进宇老师的观点：爱是一种完整的接纳。只有让对方在你面前感受到完全的包容，你和对方才会感受到自由，爱才会显露。

在本章的开头，我引用过泰戈尔的话："爱之礼无法主动施舍，唯有被人期待着接受。"那么，为什么爱无法被给予，而只能由被爱者决定呢？弗洛姆在其代表作《爱的艺术》中指出，爱他人的能力是需要我们努力发展的。想要掌握爱的艺术，我们必须拥有积极发展美好生活及自身人格的意愿和力量。除了努力发展自身人格以训练爱的能力外，我们还需明白：真爱无须解释，无须证明。当我们试图去解释和证明其存在时，只会说明我们的爱是匮乏的。同理，一旦出现怀疑，爱将无法在生活中显现。举例说，人会对特别弱小的群体产生同情和怜爱之心，就是因为在我们心中，相对弱小的人不太可能使我们遭受嘲笑、比较、攻击和欺骗，于是，我们放下怀疑和戒备。因此，当我们坚信爱时，爱就会显现；而当我们怀疑爱时，爱就会消失。

正如尼采所说："我们热爱生活并不是因为我们习惯了生活，而是因为习惯了爱。"爱作为人类精神生活的太阳，其重要性不言而喻。而要修行爱，有两个必要条件：爱要在世俗生活中修炼，爱发生在人与人之间。总结这一章的内容，就是我们的修行之路不是凭空创造爱，而是将已有的爱显现出来。

说实话，在知道爱需要修炼之前，我看到有的孩子小小年纪就不上学、抽烟、喝酒、满口脏话、沉迷网络，甚至打架斗殴时，心里会觉得：这样一身坏毛病的孩子，究竟哪里可爱？可当我开始修炼爱，才明白必须在教育时放下评判。难道一个学生辍学，他就一定是坏孩子吗？就没有好的未来了吗？我担心孩子们不学好，他们就会因我的担心而不去做那些事吗？想到这里，我才发现，只有对孩子们充满信心，相信他们是可塑的、可爱的，才是真正的爱的教育。

开始修炼爱之后，我和孩子们的相处就不再带有目的性了，而是去喜欢他们，享受和他们在一起的时光；我也不会试图向他们证明我的爱，而是在世俗生活中修炼爱的能力。因为我明白，只有这样，才能让原本被遮蔽的真爱在我们的生命中显现。

第 六 章

批评的限度

家长只要合理使用批评，就能迎来一个家庭的和谐发展；而教育者们对批评的观察和反思，也必将推动教育的繁荣和发展。

学生家长在学校和老师见面时，如果信得过这位老师，往往会让其对孩子严厉些，该批评就批评。他们将批评当成某种权力的象征，并将其赋予他们所信任的人。但他们自己却不敢批评，甚至将其视作中药中的虎狼之药：药效猛烈，副作用也极强；若用得不好，不能治人，只会伤人。此外，批评还可能招人误解、记恨，破坏亲子关系等。

虽然许多家长对批评持怀疑和负面态度，我却觉得，教育研究和实践中应该排除的不是批评，而是不会用批评及滥用批评。批评可以阻止人不好的行为，也能引起被批评者的反思，从而拓展其可能性，推动其成长。由此，批评是工具，本身并无好坏一说，全靠教育者的教育能力决定。所以，身为教育者的工具，批评不能没有任何边界，或不被赋予任何内涵便随意使用，而是要明确其范围，规定哪些是其能行使的权利，哪些不是。

首先，我们来探讨如何界定批评的内涵。第二次世界大战之后，世界各国愈加频繁的经贸和文化往来促进了文学批评、艺术批评的兴起，这对文学、艺术作品的繁荣和发展起到了不可或缺的正面作用。产生这种结果的原因离不开这些领域的人士对"批评"准确的定义。例如，文学批评并不是贬义词，而是中性词，意为对文学作品考察、研究、评价，以更好地指导未来的文学创作。然而，在教育学中，我们往往会因缺乏准确的定义，不仅默认批评为贬义词，而且会将批评对象私有化。比起文学批评是建立在对他人作品欣赏及充分了解的基础之上，教育学中的批评则往往建立在个人的主观理解上，因而造成对教育的原理、方法，甚至孩子本身的观察不足。

此外，比起文学批评，教育批评并没有对教育者自身的素养提出很高的要求。就像文艺批评代表了文学的发展方向和水平，教育批评也应该代表教育的发展和水平，它大到一个教育体系，小到一个家庭。教育批评如果运用得好，还能引领我们看到未来发展的方向。

总体说，教育批评体现了教育者的智慧和情感，若使用得当，便能帮助孩子规避不必要的风险，让孩子走向更好的未来。教育批评的内涵，可归纳为以下三点：

一是考察、分析及澄清（要确定孩子在某些事上是否真的犯了错）。

二是评价性的鉴赏。

三是辩证性的否定（任何事物都有正反两面，只有取其精华，去其糟粕，才能让孩子进步）。

一、教育批评常见的误区

界定了教育批评的内涵，接着就要讲到在运用批评时，教育者时常出现的几个误区。

1. 将批评当成发泄情绪的工具

同为工具，批评和钱财有些类似：既可以被用来满足自身永无止境的欲望，也能用来造福于人，造福于社会，全看使用者如何决定。

2. 将批评当成证明对错的辩论

除了发泄情绪，父母经常会怒气冲冲地质问孩子："知道错了吗？"而越是用批评的方式证明教育者自身的正确和权威，孩子心里越会产生极大的不满、抵触和怨恨。

我小时候成绩非常不理想，曾被老师（班主任）用"令人发指"来形容。在做算数题时，明明已经算出了答案，却老是忘记写"答"字，只是把题目在试卷上重新抄一遍。老师总是批评我："把题目又抄一遍，你问谁呢？让你答，答呢？！"而当我无辜地看着老师时，他却十分惊奇地质问我："答是什么意思你不知道？上课时不是讲过吗？你父母没教过你吗？"我心里也十分无辜：你确实讲过，但我也确实没理解是什么意思啊！最后，老师大声问我："知道了没？"我回答："知道了。"然而，再做题时，我心里仍然非常迷茫，根本不知道要答什么，于是只能战战兢兢地又把题目抄了一遍。刚刚还充满怒火的老师一下像泄了气的皮球，崩溃得说不出话了。

将批评当成情绪宣泄口的教育者们，往往只是指责孩子的错误，而没有向他们解释为什么这么做是错误的。于是最后，往往是孩子一脸懵懂，心中不理解自己究竟错在哪儿，而身为教育者的父母或老师则是绝望和崩溃。

3. 将批评当成完全的否定

我小时候不止一次把我的班主任气得崩溃。刚刚提到的我的班主任就在那件事后笑着摸着我的头问："你的脑袋里到底有几个数呢？"小时候的我只知道人气愤到极致会打人，不知道人会怒极反笑，还以为老师是在表扬我呢，于是便回答："老师你脑袋里有几个数，我脑袋里就有几个数。"我的老师只是叹了口气便不再说我了。当我从家长的反应中了解到这句话的真正意思后，才明白我的老师已经彻底将我这个学生否定了。可现在想一想：虽然我开窍确实比同龄人晚，但主要还是老师批评的水平不够。我的老师骂我笨，可在他看来那么简单的一件事，却怎么教都没教会我，究竟是谁笨呢？

所以，在教育时，切记不能用两极思维来思考。因为在现实生活中，人的行为并不是非黑即白、非好即坏，我们需要用客观的眼光来看待，用辩证性的否定来代替全盘否定。

4.让弱势一方无条件服从

有些家长认为自己作为教育者就应该是高高在上的，说的话就是圣旨，孩子要无条件地听从安排与建议，不允许孩子有所辩驳。殊不知，这是对批评的一种错误认知。批评从来就不是一个强势立场压制弱势立场、让弱势一方完全屈从的武器。

二、教育批评的原则

界定了教育批评的内涵，讨论了教育批评常见的误区，接下来就得明确教育批评的原则。

1.客观公正

教育批评需以事实或规则为依据，不能带有偏向性。

2.对事不对人

教育批评要就事论事，不要对被教育者道德评判。

3.让批评通往真理

巴门尼德说过："存在者存在，不存在者不存在。"而很多教育者在批评时，往往是秉持"存在者不存在，不存在者存在"。由此，批评前要先考察既定事实存在的合理性，而不是不允许、否定其存在。

4. 审美不审丑

教育是一场审美活动。很多时候，孩子是通过父母眼中的自己完成了一幅自画像，借由父母的眼睛完成自我认知的。所以，在教育的过程中，父母要善于用一双发现美的眼睛去寻找孩子的优点，而不是紧盯着孩子的缺点，要在潜移默化中让孩子建构那个美好的自己。

5. 永远保全对方面子

记住"打人不打脸，骂人不揭短"。

教育批评应是帮助孩子对自身进行历史性反思的一种手段，是帮助孩子走向自己的一双充满爱意的眼睛，也是孩子观察、理解自己的一面镜子。教育批评不仅能反映当时教育水平能达到的成就，也会推动教育方式的百花齐放。所以，合理使用教育批评，必将迎来家庭的和谐和发展，而教育者们对教育批评的观察和反思，也必将推动教育的繁荣和发展。

第
七
章

妥协的智慧

妥协是家庭生活的"魂"，它能把一家人牢
牢地凝聚在一起，渡过一个又一个急流险滩，它
能让爱在每一个人心底滋长，让爱的光芒照耀每
一个人，让人彼此信任、彼此理解、彼此欣赏。
一个和谐的家庭，一定是懂得妥协艺术的家庭。

"妥协"这个词放在任何国家都是一个很好理解的词。英语中的"妥协"指的是用折中的办法解决矛盾，德语中的"妥协"指的是和对方达成谅解。任何词汇里"妥协"的目的都是解决矛盾，促进双方协作。总而言之，妥协就是用让步的方法来解决冲突和矛盾。

但在现实生活中，"妥协"的原本含义随着时代的发展开始变"味"了。有个社会学家说，"妥协"就像和前妻生的孩子。他对"妥协"的比喻，引起了我的关注。其实"妥协"在家庭教育里是很高级的智慧，但是在实际生活中运用妥协的并不多。有许多人都是宁为玉碎、不为瓦全，非得斗争到底也绝不妥协。我认为有时候人们不愿意妥协有以下三个原因：

第一，活在某种形象里，不允许自己妥协。我小时候经常去邻居家找一个比我小两岁的小朋友玩，他家有一只大黄狗，我特别喜欢，总想摸摸它。有一天中午，我又去他家了，他家的人可能都在午休，敲门也没人应声，我就推门进去了。我一眼就瞧见了那只大黄狗，并想上去摸摸它。但大黄狗很凶，好像在说："别摸我！"小时候，我在小朋友心里就像英雄般的存在，尽管我当时很害怕，但为了不破坏自己的英雄形象，就壮着胆子上去摸了它。结果大黄狗在我腿上咬了一口，留下一块疤。这就是我不妥协的后果！

第二，认为妥协意味着软弱、没有尊严。我小时候和我妈闹别扭时，经常采用的办法就是绝食。我绝食时，我妈也不妥协，不给我台阶下，并说："不吃就不吃呗。"我就躺床上坚持不吃，等我妈出去了，才悄悄地跑到厨房，端起饭菜狼吞虎咽，一边吃还一边做心理工作："我这可不是妥协，我实在是太饿了。"我正在吃着，就看见我妈站在窗口一边笑一边往里看，当时我觉得很没面子和尊严。

第三，不敢去尝试。既想赢又害怕输，认为自己妥协了，对方就会得寸进尺。我们在无意识中，就把妥协等同于软弱、无能、屈从、投降、溺爱、放纵、无原则了，这很容易触发人的道德感，觉得自己妥协了是一件很不道德的事。同时妥协很容易让人产生恐惧，认为万一妥协了，会有更加不好的后果，导致我们对"妥协"这个工具不到万不得已时绝对不会使用。

柏拉图说："人生最大的遗憾莫过于轻易地放弃了不该放弃的，固执地坚持了不该坚持的。"妥协真的是一种人生的智慧，如果家庭成员间不会彼此妥协，那这个家庭就会有很多争吵，也就错失了很多原本可以好好交流沟通的机会。许多父母碍于面子，碍于尊严，碍于家长的形象，甚至把孩子都逼疯了，也坚决不妥协，还误以为是在坚持真理，坚持原则，弄得大家伤痕累累，对孩子造成不可逆的伤害。

国家之间相互不妥协的后果更是致命的。据统计，在5000年的世界文明史中，发生了15000多次战争，只有300年是和平时期。由此可见，人类历史上战争发生的频率是很高的。离我们较近的第一次世界大战，7300 多万人参战，900 多万人死亡，2000 多万人受伤，造成经济损失 3000 多亿美元。最惨绝人寰的是第二次世界大战，当时 60 多个国家、1.1 亿人参与了这场战争，地球上 80%（约 20 亿）的人口被卷入战争，导致 5500 万居民死亡，经济损失高达 40000 亿美元。即使面对这么惨重的死伤人数和经济损失，也没有一个国家轻易选择妥协。

我们发现家长和孩子之间不妥协似乎是根植于文化深处的东西，或者说是人性深处的东西。人类发展到今天并没有真正地学会与人相处、与人合作的智慧。人和人之间想要合作共赢，前提条件就是妥协。

而人在面对自然界、面对客观规律时，"妥协"就不会伤及自尊。

有次我和同学一起去河南登封少林寺游玩，由于以前没去过登封，也没出过远门，对那里的一切都感到特别新鲜好奇。有天早上我睁开眼，看到露出鱼肚白的天空，瞬间感觉自己发现了新大陆，我就赶紧去喊我的同学："你们都赶紧出来看看，出大事了。"等同学们都出来后，我就指着太阳说："在登封这个地方，太阳是从西边出来的。"同学们都愣了，我看他们都在仔细地想，太阳怎么会从西边出来呢？当时的我百分之百确定登封的太阳就是从西边出来的，同学们也很认真地研究，主要是被我坚定的眼神给震慑了，他们从我脸上看不出恶作剧的意思。最后有个同学说了一句话："你是不是迷失方向了？"他一提醒，我们全明白过来了。我只好特别不好意思地笑着说："影响你们睡觉了。"

凭着常识都能知道，太阳不可能从西边出来，但即使主观判断错了，有时候我们也不愿意轻易妥协。可是在大自然的规律面前，一旦意识到自己真的错了，也不会觉得有损自尊。那是因为人和大自然打交道，会无条件地屈从、臣服，在大自然面前，人的立场、面子、形象不会受到任何的冒犯。在客观规律面前，人类妥协的智慧就是变化的智慧，我们为了更好地生存，需要去适应自然规律的变化，跟着规律变，跟着客观世界变，这样我们就拥有了智慧，这是一种高级的智慧。但是发生在人和人之间，我们的大脑就不清醒了。

我们人类一方面嫌弃"妥协"，另一方面又在自然规律面前不停地妥协，真的是一个矛盾体。所以，现代父母要想教育好孩子，必须对"妥协"重新认识。

1. 妥协是人类最古老的生存智慧

自打有人类起，人类每天都在妥协。想要在这个地球上生存下去，面对四季变化等自然规律，我们都是无条件地臣服和妥协的。这是一种古老的生存智慧。

2. 妥协是我们最高级的生存智慧

随着社会的发展，人类进入了工业文明时代，炸山、砍树、采矿……疯狂的行为把地球破坏得面目全非。最终我们意识到人类只有一个地球，除了地球我们人类无处可去，于是人类就进入了生态文明时期。生态文明不强调征服，不强调个人意志能战胜一切，不强调面对大自然的英雄主义，不强调掠夺。我们人类又一次对大自然臣服，体现了人类对环境极强的适应能力。目前生态文明下最高的价值法则就是人与自然之间、与环境之间、与人之间和平共处，团结协作。

3. 妥协是解决人和人冲突最有效的工具

人际关系的纠纷、夫妻之间的矛盾、亲子之间的矛盾，都可以通过妥协来解决。妥协可以让我们的关系越来越和谐，生活越来越美好。

4. 妥协是一种以退为进、协作共赢的策略

孩子没能成为真正的自己，说明父母的教育是失败的，因为大家是共进退的。退一步海阔天空，"山不过去，我过来；孩子不改变，我们改变自己"。我们要想把孩子教育好，就要跟教育对象协作共赢，而不是比谁更强，相互都不妥协。

5. 妥协是有取有舍的价值判断与选择

有一个小学生在一次考试中考了 99 分，父母因为他没有考满分揍了他一顿。分数真的很重要吗？是的，分数很重要，没有分数，孩子上不了好的初中、高中，考不上好的大学，接受不到更好的教育。但是，就没有比分数更重要的东西了吗？我想，相对分数而言，更重要的应该是让孩子健康成长吧。

分数或高或低很正常，孩子不可能每次都考 100 分，但是有一点是恒定的，就是孩子的主体性。我们不能怕孩子犯错，要鼓励孩子多去尝试，那么他的人生将始终是主动的。这就要看父母想保全哪方面的价值，是要眼前的利益还是要更长远的利益？因为家长想让孩子有好的分数，所以一窝蜂地都去给孩子补课，那我们就妥协了，选择了分数价值。又或者尽管我们也想要好的分数，但是我们觉得孩子的可持续发展更重要。我们得知道取什么，舍什么，这是一种价值判断和选择。实际上，我们每一天都在做不同的价值判断和选择，而选择就意味着舍去和妥协。

6. 妥协是家庭生活的"魂"，是我们幸福生活的保障

19 世纪英国的思想家阿克顿讲过："妥协是政治的灵魂。"妥协不仅仅是政治的灵魂，它还牵扯到人与人之间的关系，所以妥协更应该是家庭生活的灵魂。我们要想生活幸福，把日子过好，

把孩子教育好，家庭成员间就要懂得妥协。妥协就是家庭生活的"魂"，它能把一家人牢牢地凝聚在一起，渡过一个又一个急流险滩，它能让爱在每一个人心底滋长，让爱的光芒照耀到每一个人，让人彼此信任、彼此理解、彼此欣赏。一个有灵魂的家庭，一定是懂得妥协艺术的家庭。

想想苏格拉底的学生柏拉图讲的那句话：人生最遗憾的，莫过于轻易地放弃了不该放弃的，固执地坚持了不该坚持的。我们学习妥协的智慧，就是要过有灵魂的家庭生活。建议大家重新认识一下妥协，消除对妥协的误解和偏见。

第八章

语言的修养

　　如果你希望自己有所改变，无关外表，无关形式，还要确保不是自以为是的改变，而是在精神与内容上真正意义的改变，那你就必须提高语言的修养。

　　我开始有语言方面的意识，是从小时候奶奶经常说的一句话开始的："会说话能当银钱使。"我是直译过来理解的，以为会说话能当钱花。我读小学时，有个同学的妈妈在学校门口卖江米球，我就想，好好跟她说一说，看能不能给我一个。于是我说："婶，这个江米球好吃，我和你儿子是同学，我们关系很好。"她说："那你们可要好好学习呀，你拿5分钱，婶多给你一个。"给钱才能给江米球吃，看来好好说话也不能当银钱使。

　　上小学的时候，家里人叮嘱我不要跟同学打架，有话好好说。那时我们班有一个长得比较胖、学习成绩好的女孩。因为我的成绩不好，就羡慕成绩好的，于是我就在同学面前夸了这个女同学两句。结果同学们都传言我喜欢她，对这个女同学有意思，无论我怎么解释都制止不住这个谣言。到后来谁说我就揍谁，结果发现，好好跟他们说不好使，靠拳头才能解决问题。

　　上初中的时候，我进了体校。有次训练，有一个同学跑得和我不相上下，他对我说："我们一起跑，别跑快了。"结果跑到最后还有十来米远的时候，他突然加速超过了我，比我先到终点。从那天起，我就想：说那么多干什么，跑就行了。踢足球的时候，我一般跑得快，踢着球往前跑，一群人在后面追着我，让我把球传过去。我就想说：喊什么喊，有本事你追上我。最后导致我在体校话也不多。

　　上高中的时候我们班有个女生，特别招人喜欢。我嘴笨，不会说话，就给她写小散文，写小诗，后来我就发现，写的效果很好。这更强化了我的一个观念：说那么多没用，写就可以了。所以我在高中时也不怎么跟人说话。

上大学之后，不喜欢说话的性格却给我带来了很多困扰。我们班里的同学都是从各个地方来的，大家要么讲普通话，要么讲河南话。而我既不会讲普通话，也不会说河南话，只会讲林州话。我一讲林州话，我们宿舍的人就用一副看野生动物的表情看着我，因为他们根本听不懂我在说什么。这可把我郁闷坏了，导致我在宿舍两个月几乎没开口说过话，我这才意识到语言的重要性。

18 世纪末的语言学家赫尔德在《论语言的起源》中讲述，"语言是人精神力量的外显"。他认为人类的精神活动就如同埋在地下的岩浆，在地底下积蓄着能量，找寻着机会，等岩浆累积到一定程度，它就会找一个地方一下子喷出来，我们就能看到摧枯拉朽、叹为观止的火山喷发现象。

首先我们认识一下语言：

（1）语言就是人们精神力量活动的一种外显。

（2）语言是所有动物的本能。动物也有语言交流，人类语言是一种独有的现象。

（3）语言是一种沟通交流的工具，是一种社会工具。

（4）语言是思维工具。它是人类认识事物、传播知识的方式。

如果没有语言，人对事物形成的概念就没有办法表达，尤其是对抽象的东西；如果没有语言，人的抽象思维无法进行，推理活动也就无法进行。

（5）语言是人类的存在方式，是人类的精神家园。海德格尔讲过一句话："人在说话，话在说人。"人类发明了语言，创造了语言，又存在于语言之中。

人类认知任何事物都需要借由语言这个中转站，认识自己也需要通过它。后来我发现，人不仅能通过语言认识自我，还可以通过语言重塑自我。

有的家长在参加家长训练营后，回去就跟孩子说："爸爸妈妈上完课，开始意识到以前做错了，我们以后会改，要做一个合格的爸爸妈妈。"后来孩子发现父母也没怎么改变。父母就不理解了：我们以前打击、指责、挑剔孩子，现在鼓励、表扬孩子，孩子为什么还觉得我们没有变？所以我建议父母回家后，不要给孩子斩钉截铁地说自己一定会改变，因为改变需要一个过程，这个阶段需要对孩子多宽容、多理解、多尊重。

人类是物质人和精神人的统一体，我们既要在物质层面上改变，也要在精神层面上改变。语言在我们改变的过程中起到了很重要的作用，通过改变语言能重塑我们的精神世界，将我们变成我们期望成为的那个人。

我真正开始语言的修炼，其实是受董进宇老师的启发。一开始我说话比较慢，现在说话速度就快了不少。有人说我变了，变年轻了，我听后心里很高兴。后来说的人多了，我就在想：我每天都在备课、讲课，跑来跑去，工作量那么大，没有衰老就不错了，怎么会变年轻呢？有一个妈妈拿着我几年前的照片和现在的照片来对比，我一看，确实现在看着比以前年轻了。我真的觉得有意识地去改变我们的说话方式，不仅能提高我们的沟通交流能力和思维能力，还能让我们的生命状态保持年轻，不断地重塑内在的自我。由此可见，有意识的语言训练是一件多么重要的事。

关于提高语言的修养，我有几点经验跟大家分享。

1. 有意识地通过语言来认识自己

董进宇老师说过一句话："你说的每一句话都在证明你是谁。"海德格尔提出："语言是精神的家园。"截至目前，语言的产生有数万年的历史了。它是人精神活动到一定程度，必然迸发出来的产物。所以，语言不仅仅是用于沟通交流、传递信息，还是人了解自己、了解别人的工具。我们也是借由语言来完成自画像的。

2. 有话要好好说

俗话说：良言一句三冬暖，恶语伤人六月寒。为什么非要恶声恶气、气势凌人地说话呢？既伤人又伤己，要知道，有话好好说，是我们最大的善。

3. 说话的时候要言简意赅，力求精确

我们思维的有效度、清晰度可以从我们说话是否言简意赅，表述是否精确上反映出来。有的人说话前言不搭后语，说着说着自己就乱了，前面说的是这个意思，后面的话又是另外一个意思了。还有的人话多啰唆。观察董老师、张老师、毛老师他们讲话，虽然话不多，但表述事情非常精确，这都是通过训练得来的。我们说话要想好了再说，能用一句话说明白的，绝对不用两句。所以我们也需要修炼自己的表达能力，确保表达精确。

4. 言之有物

柏拉图说："智者说话是因为他们有话要说，愚者说话则是因为他们想说。"也就是说，智者说话是言之有物的，有内容的，而愚者说话是为了说话而说话。我遇到过很多这样的人，有一个同事跟我打招呼，拉着我说了半天，结果我也没听懂他要说什么，东一榔头西一棒槌，扯来扯去。我问他："你要表达什么呢？"他说："不知道呀，就是跟你说说话啊。"还有一位家长来找我咨询，每次都是说一两个小时，我都没有插嘴的机会，说了半天我也没听出来他要表达的内容。有一次他又来找我，没等他开口我就先说，不给他插嘴的机会，讲话也没有实质性的内容，讲了 40 分钟他就受不了了。反观我们自己，很多时候是不是言之无物，只是为了说而说？这样的说是没有任何意义的表述，而

且你倾诉的对象也是很难接受你的观点的。

5. 善于倾听，不要轻易打断别人说话

我特别不喜欢的一种现象就是打断别人说话。赫尔德讲过："人类恰恰是通过倾听让每一种感官都拥有了语言的能力。"就是说语言的能力是通过倾听获得的。我们很多人把说话的能力等同于语言的能力，实际上语言的能力是每一种感官协调运作的结果。所以，我们表述能力不强的时候要学会保持沉默，善于倾听。

6. 养成写日志、写总结的习惯

我们说话往往都是无意识的表达，如果我们能把今天发生的事情在纸上写一写，那么就能有意识地训练我们的语言能力，因为纸上书写的内容往往都是有意识的思维产物。哪怕我们只写了一句话，这一句话也是整个思维运作梳理出来的结果。书写是一个把别人的经验、知识内化成自己的知识的过程，重要的不是你书写的内容，而是内化的过程。所以，我们要尽可能地养成写日志或者写总结的习惯。

7. 创造机会与人分享

我觉得最锻炼我的就是讲沙龙，或在深耕班讲课。我每天看书、记笔记，写完之后把知识内化。我发现，有些写好的授课内容，我在给人讲的时候也会发现有不对的地方。所以讲课能梳理

思维，讲课也是分享知识的一种方式。

8. 注意说话的时机

孔子曰："不愤不启，不悱不发。"要等孩子实在无法想明白的时候再去启发他，只有在孩子心里明白却不知如何表达时，我们再去启发他，才是最好的时机。如果他似懂非懂，不能完善地表达，这个时候就不要去启发他，尤其是教育孩子时，讲话的时机很重要，我们要有意识地去修炼自己讲话的时机，时机不对，语言就很难起到应有的作用。

9. 分清说话对象

我以前在给家长讲课时用了很多专业词汇，结果我发现课上有些家长把这些专业术语和概念一条一条记了下来。我当时就意识到我错了，所以现在在家长课上就尽可能地少用一些专业的词汇。但在深研班还得用专业的词汇，因为专业的词汇能让受教育者思维精准。孔子曰："中人以上，可以语上也；中人以下，不可语上也。"我们在说话的时候，一定要考虑说话对象的性格特点、接受程度，不能对着不同的人讲一样的话，这也是一种语言的修养。

10. 考虑说话的立场和在对方心中的地位

生活中的很多矛盾与争吵，往往是因为大部分人都只是站在自己的角度去看待一件事情，所以有时沟通起来会觉得对方不可理喻。其实，很多事情只有当我们站在对方的立场来思考时，才会了解对方的难处。同时，我们还要考虑自己在对方心中的地位。俗话说：人微言轻。当你在对方心中的分量不够时，要慎重选择自己说话的内容。

11. 说话要分场合

俗话说，到什么山唱什么歌，同样的语言在不同的场合，即使面对的是同一个对象，语言所产生的效果也是不一样的。所以我们讲话的时候，一定要注意场合及场合的气氛。

12. 不说谎话

一旦我们说了一次谎，就要用无数个谎去圆这个谎。谎话说得多了，连我们自己也分不清什么是真、什么是假了。纸终究包不住火，如果整天活在谎言被戳破的担忧之中，就会伤神且疲累。所以最轻松的生活应该是实事求是，不说谎话，保持自己真实的一面。

13. 不说狂话

有句俗话：人不张狂枉少年。我就在想，人年轻的时候一定要张狂吗？我看到有人张狂就不舒服，加上年轻的时候爸爸经常教育我："谦受益，满招损。"我现在理解的就是不说狂话，这也是我个人的一点心得。

14. 不在背后说别人的坏话

我们在背后论人长短、道人是非、说人坏话，虽然这些话别人听不见，无非是我们的主观评价而已，但经常在背后议论别人，就会造成自己人格上的扭曲变态。

15. 不说闲话

穆罕默德说过："一天中我们说的话有用的不超过三句。"生活中，很多人说话常常抓不到重点，只是为了说而说。这是一件很考验听者耐心的事情，如果长篇大论、喋喋不休，不但浪费了时间，诉求的问题也得不到解决。所以，我们应该尽量精简自己的话语，不说闲话，这样才能理清自己的思绪，也便于听者理解。

16. 不说伤人的话

俗话说："良言一句三冬暖，恶语伤人六月寒。"有时候我们说了伤害别人的话，这种伤害是难以挽回的。

17. 不说怪话

"子不语：怪力乱神。"我们坚决不说那些奇奇怪怪、神神道道的话。

18. 表里如一

德谟克利特说："言辞是行动的影子。"我们心里怎么想的，就怎么表达。我们要是心里想一套，嘴上说一套，行动上又做一套，那么我们的人格就分裂了。从存在主义哲学来看，这就是一种很悲惨的存在。心里是怎么想的，嘴上就怎么说，行为上就怎么做。人一生要努力做一个表里如一的人，我们越是表里如一，越是活得通透，精力就越旺盛，状态就越好。

以上是我通过学习董进宇博士的课，包括在现实生活中与家长、孩子打交道的过程中，以及我自己在读书、学习、成长中的一点感悟。有人说："杨老师，你是不是已经做到你说的这些了？"我们都是普普通通的人，我也在慢慢地修炼自己。希望我们语言的修养越来越高，成为一个有爱、有魅力的人。

第九章

幽默的艺术

如果家长能够正确使用"幽默"这个教育工具，就会发现我们的幸福指数原来可以提升数十倍，家庭冲突会减少一半，把教育理念落地于生活上会事半功倍。我真心希望我们的家庭多一些欢声笑语，真心希望我们在解决家庭冲突时能化干戈为玉帛，化冲突为和谐，化输赢为淡泊。

　　我不是一个幽默的人，和你们讲幽默，我很忐忑。关于幽默这个话题，我以前的理解是有偏差的。

　　小时候我觉得自己是一个很幽默的人。上小学的时候觉得比较好笑的一件事就是我成绩不好，经常被老师留堂、训斥，老师也对我怒其不争。当时我觉得学习不好是一件好事，因为每次乡里组织考试，我们老师都会把我喊到办公室。我从来没见过老师那么亲切和蔼，搂着我商量："彭崭啊，这次乡里组织考试你就别去了吧。"那个时候我看着他对我那么好，加上我心软，想着老师放我两天假，不去就不去吧。但是我又想到平时他对我态度那么不好，再一个我也不希望自己被别人区别对待，凭什么不让我考试呢？我就看着我们老师，斩钉截铁地告诉他："我不，我要考试。"老师每次听到这句话，脸上的笑容就会瞬间消失，腿还会抖一下。看到他这样，我就特别开心。我也把这理解为幽默。一临近考试我就知道老师要喊我，每次老师一说完我还是会告诉他我要考试。我就觉得考不好不要紧，重点是要考，我要看老师的腿哆嗦一下！因为当时班级排名的依据是每个班的平均分，只要我参加考试，我们班的成绩就很难不垫底。

　　我小时候就感觉自己充满了幽默细胞，充满了童真、童趣。但那是小时候的理解，现在我发现那不是幽默，仅仅是小孩的小聪明。长大之后，我发现幽默是一种超然于事件之外的观察与审美，这是我成年之后对幽默的界定。

日本电影《每天回家看到老婆在装死》中讲述了这么一个故事：有过一次失败婚姻的上班族加贺美淳和现任妻子千惠已经结婚三年了，对他来说三年之痒近在眼前，他和妻子都必须好好考虑一下是否有必要继续维持这段婚姻。一天晚上下班回家，加贺美淳惊恐地发现妻子倒在血泊之中，但他很快发现，原来妻子在用这种方法逗他开心。原本以为妻子只是一时兴起而为之，谁知此后每天千惠都要花样百出地死在加贺美淳面前，有时是被鳄鱼咬掉了脑袋，有时是不幸中刀身亡，有时是被利剑穿脑……在此期间，夫妻俩引发了许多令人啼笑皆非的故事。直至最后，加贺美淳才明白妻子的心意：她是在用自己的方式为他加油打气，帮助他迎接生活中的挑战。

这部电影给我带来了很大的震撼。不知其意的人会以为加贺美淳的妻子是个无厘头，可是当你认真去研究这个故事时，就会发现这里闪烁着人性的美。我就在想，真正的幽默一定是超然于这个事件的本质与审美的。

小时候我经常把恶作剧当作幽默。邻居家有一个小孩，因为我们两家的院子是通着的，他经常跑到我家来偷拿干馍片和红薯干。吃就吃吧，关键他还吃得理直气壮，要是逮到他了——尤其是偷拿干馍片的时候，你问他："你为什么要拿我们家的干馍片？"他说："就拿你们家干馍片，怎么了？"他比我小两岁，所以有时候看着这么个无赖的人，我就很生气，心想：该怎么整他呢?

　　终于让我等到了一个机会。有次,我家又做了新鲜的干馍片和红薯干,闻着这诱人的香味,我断定他会再到我家来吃。于是我就"精心挑选"了一些干馍片和红薯干,并把它们放在显眼的地方,确保他一来我家就能看到它们。果不其然,不出片刻,他就偷偷摸摸地过来了,并两眼放光地看着我特意放在他面前的红薯干和干馍片。我就偷偷站在一个角落里,静静地等待他享受这些"美味"。只见他饿急了似的手里拿着,嘴里吃着。我看着他的表情刚开始还很享受,不一会儿就面露痛苦之色,怀疑地看着自己手里的干馍片和红薯干,又仔细品了品,"呸"的一声把嘴里的残渣往外吐,边吐还边骂骂咧咧。我站在角落里抑制不住地捧腹大笑:"哈哈哈,没想到吧,你也有今天……"

　　他愕然地看看我,又看看手旦的食物,瞬间反应过来:"是你,你在馍片和红薯干里加了芥末。你这个坏蛋,你欺负我,我要回家告诉我爸妈。"我得意地说道:"你去呀,反正你偷吃我家的馍片和红薯干就是不对。让你再偷吃,这次我加的是芥末,下次可就不是这么简单了……"

　　因为这件事情,他很少再来我家拿干馍片和红薯干了。有时候我看到他,还会很"好心"地问他:"弟弟,我家又新做了你爱吃的干馍片和红薯干,你怎么不来我家吃了呀?"每次看到他

85

愤恨的样子，我就想笑。

小时候我把这个叫幽默。其实，这是恶作剧，不是幽默，它是一种很低俗的玩笑。我小时候反面的案例，为我长大之后理解幽默提供了很多参考。我也希望大家不要学我这种恶作剧式的、低俗的、自以为是的幽默。

我现在理解的幽默就是一种协作关系，尤其在教育孩子时，它能够跳出冲突，不争输赢。

我希望的是共赢——孩子跟老师之间的协作更紧密、高效了，孩子赢了，老师也赢了，作为家长的我也就赢了。

有个孩子想买手机，家长一直没回应。于是孩子质问父母说："我想买个手机，你们俩是怎么想的，到底买还是不买？给个痛快话。"爸爸就问了："你要买的那个手机多少钱？"孩子说："2000 多元。"爸爸说："你知道为什么不给你买吗？ 2000 多元，你要这么便宜的手机怎么给你买？能不能有点出息，买个 3000 多元的。"孩子就愣了，说："爸，是你疯了，还是我疯了？"爸爸说："我儿子得用更好一点的手机，在爸爸看来，你配得上更好的手机。相信你会管理好它的。就算你管理不好，爸爸也觉得你配得上。"我认为这种幽默，是一种生活的艺术，是一种跳出冲突、不争输赢的协作。

高考结束后，我填报的志愿是安阳师范专科学校。我觉得自己能考上，于是录取通知书下来后，我就到学校问班主任："大专录取通知书都下来了，有没有我的？"班主任说我们班录取的都有谁有谁。我说："我的呢？"他说："没有你。"我说："不可能啊，我觉得今年考得已经很不错了，我可不想再复读一年。"班主任一本正经地说："真的没有，该录取的都录取了，确实没你。"他看我快哭了，就说："你别难过，今年录取的大专确实没你，你被河南大学录取了。"我那会儿不知道是该哭还是该笑，我觉得班主任的这种幽默先是让人心惊肉跳，之后又让人感到很舒服。我以前对于这种喜剧效果就不理解，认为它是一种恶意的反讽。

比如说，有一个人拉肚子，对医生说他最近吃啥拉啥，吃黄瓜拉黄瓜，吃西瓜拉西瓜。他问医生："你看我这吃啥拉啥的病怎么治？"医生看了看，想了一会儿说："这种病不好治，吃西瓜拉西瓜，吃黄瓜拉黄瓜，要想治好，只有一种办法，就是不要吃东西了。"我以前看到这种笑话会笑得前仰后合，但是我现在发现它是一种恶俗的幽默和反讽。

后来我看黄渤的一些电视采访，他是这样理解幽默的：幽默是一种永远与尴尬保持一步之遥的一笑而过，或者擦肩而过。有一次，马云和黄渤参加同一个节目，马云对黄渤说："现在我们产品代言，最好的就是用明星、公众人物，但是如果明星不收费，他的公信力可能会更强。你给我们做代言不收费怎么样？"黄渤反应很快，他说："不收费？那当然可以了。我在网上整的那个什么车，您给清空一下就行了。"这个反应很快，我觉得这就是很好的幽默。

从我现在的角度来看，幽默是一种让人笑中带泪的乐观与温情。我在高端课上听赵亮老师讲他奶奶的故事时，一开始笑得前仰后合，但听他讲完后，不知道什么时候眼泪就流出来了。那不是笑出来的眼泪，而是被张亮老师和他奶奶那种面对生活乐观的态度，真正感动而流出来的眼泪。

在跟孩子互动的时候，我们要充满乐观和温情。我儿子上小学的时候成绩不好，那个时候老师还劝过我让孩子留级。有一次，儿子回来哭，我说："你哭什么？"他说："老师说我学习不行。"我说："别哭了，老师说你不行，你就不行了吗？"他说："老师说我不行，我还能行吗？"我就想，我儿子成绩倒数，都没觉得自己不行，老师说了一句他不行，他就觉得自己不行了。于是我说："这样，咱们家卖一套房子，把卖房子的钱捐了，让你老师看在咱们家捐钱的份儿上，用大拇指对准了，在你脑袋上点个赞，说你行，你是不是就行了？"儿子想了一会儿说："爸，好像也不一定。"我说："老师说你不行你就不行吗？"儿子用哀怜的眼神望着我，问了一句："爸爸，那你说我行还是不行啊？"我说："那你说呢？爸爸说你不行，你就不行吗？"他说："那也不一定。我到底行还是不行呢？"我说："对呀，那你到底行还是不行呢？"过后，我就给他写了一段话：

亲爱的儿子，请你记住，在这个世界上，除了你自己，除了你自己，除了你自己，没有人知道你究竟有多好。

爱你的爸爸

我觉得有时候跟孩子在一起，当我们充满乐观和温情的时候，往往会有很多让人笑中带泪的幽默产生。我们教育孩子，可能有时候太过功利，要想真的拥有教育的智慧，就要将这种幽默变成一种智慧的外显，这是我们教育智慧的最高体现。

其实我一直都不算一个幽默的人，有时候看到家长笑了，我还搞不清楚他们为什么笑。以前有位家长找我咨询，那时我并不认识她，她见了我就说："杨老师，我们从小就是按照董博士的教育方法教育孩子的，爱、鼓励、表扬、欣赏、理解、接纳、信任、陪伴、正面确认，我儿子从小也热情、阳光、自信、有责任心。"我说："那你要问什么问题呢？"她说："我儿子每次考试都是倒数第一名。"我说："你再说一遍？"她说："我从小就是按照董博士的教育方法教育孩子的，爱、鼓励、表扬、理解、信任、接纳、陪伴、正面确认。我儿子也热情、阳光、自信、有责任心，可是他每次考试都是倒数第一名。"我就问她："你知道董博士的女儿在哪儿读博士吗？"她说："美国南加州大学。""读什么专业？"她说："影视编导。"我说："你知道她毕业之后去哪儿工作了吗？"她说："在好莱坞写剧本，听说一年能挣很多钱。"我说："对啊，你可以上那个影视编导专业。我建议你可以直接到好莱坞写剧本。"她看了我一会儿，突然哈哈大笑。笑完问了我一句："杨老师，你是怎么看出来的呢？"她把她们家的情况反着说了。她说："我就是试探你一下。"我说："你就不要再试探我了，我被坑的太多了，你试探就不灵了。"她说："老师，你是怎么一眼就看出来的？"我说："我看着你这张脸就看出来你没说真话。"她说："我这脸？怎么能看出来没说真话的？"我说："看着你的这张脸，我脑袋里就有一首歌的旋律提醒我，你说的不是真话。"她说："是什么歌啊？"她又说，"我就是学音乐的，现在是高中音乐老师。"我说："你瞅瞅你这张脸，你能想到什么歌？"她看了一会儿还是想不出来，就说："老师，那你看着我的脸想到了什么歌？"我说："我瞅着你的这张脸，眉头紧蹙，我脑袋里面马上想起《大王叫我来巡山》。"她又看了我几秒钟，哈哈大笑。

我看她笑出来了，就想一个妈妈要是能笑出来，后边就能说事了。杜威说过，如果一个人的心胸没有打开，他的快乐情绪没有被激活，他即便咨询也没用。因为他会隐藏情绪、目的，所以我一般都尽可能地让一个人先笑出来。果不其然，她咨询没多长时间，就说自己醍醐灌顶了。我后来跟家长交流，发现要是真理解了教育、理解了家长、理解了他们的烦恼，那么在和家长互动的时候，往往就能给他们带来很多温暖和欢乐，并能缓解他们的焦虑。哪怕不说事情，让家长的焦虑缓解一下，我就很满足了。

这就是我理解的幽默。我在审美生活的时候，就观察董进宇博士、张飞亮老师、赵亮老师以及毛樾漫老师的幽默，尤其是董进宇博士对于幽默的讲解，修正了我好多对于幽默的理解。后来我也有意识地在生活中试着培养幽默的素养。如果我们家长能把幽默这个工具用好，就会发现自己的幸福指数立刻提升数倍，家庭里的矛盾冲突会减少一半，在爱的修行路上，在我们把很多教育理念落地于生活的智慧上就会事半功倍。

以下是我认为的幽默的修炼之路。

1. 近幽者默

俗话说：近朱者赤，近墨者黑。我把这个叫作近幽者默。我们要想变得幽默，就得多跟幽默的人在一起，然后多看一些幽默的文学著作或喜剧电视节目，就会发现自己也可以学着幽默起来。

2. 我思故我笑

乐观的人，其幽默会外显出来。我们要有意识地训练自己，训练自己的审美，训练自己豁达的胸襟。我们在自己的精神空间里完全可以自己做主，但得从事件里跳出来，不去争输赢，不用功利主义价值观去考量，也不要去轻易评判。当你从事件中跳出来，再来看同样的事，眼泪都可能笑出来。只要你有一种乐观的态度，幽默就会陪伴着你，温暖着你。笛卡儿说："我思故我在"，我觉得幽默是我思故我笑。

3. 做个有情趣的人

心有猛虎，细嗅蔷薇。即使在繁忙的工作中，我们也不能遗忘生活的本质。如果条件允许的话，尽可能地在闲暇时间多培养一些兴趣爱好，做一个有生活情趣的人。因为一个懂得生活的人，更容易体会到生活的珍贵和美妙，也更容易活得乐观与豁达。

4. 身心放松

当我们的身心处于紧张的状态时，思维是被限制的，很难表现得自然，幽默感更是难以表达。但是，当我们放松身心，把自己投入到当下的情景中去，新的思路就会被打开，也就更容易涌现出幽默的元素。

5. 与事件保持距离

当一件不好的事情发生时，我们要学会与它保持一定的距离，把自己抽离出当下的环境，以旁观者的视角去看待这件事情的起因与发展。这样，我们才更容易看到事情的本质，也就更容易解决问题，而不是放纵自己沉溺在当下的情形中。

6.练习讲笑话

讲一些有审美情趣的笑话，一些让人笑中带泪的笑话，一些情理之中意料之外的笑话。我刚开始跟人讲笑话时，就不太敢讲，最担心的是我讲完了，没人笑，那不就尴尬了。后来我听孩子们说："老师，你别怕尴尬，只要你不尴尬，尴尬的就是别人。"我一听也对，要是你想讲笑话，就直接讲给别人听。如果不讲，就永远讲不好。所以我得多讲，讲得多了，幽默感不就练成了吗？

像我这么不幽默的人，都能学会幽默，你们应该比我做得更好。真心希望我们的家庭多些欢声笑语，在解决家庭冲突时能化干戈为玉帛，化冲突为和谐，化输赢为淡泊，永远和尴尬保持一步之遥，或擦肩而过，能够获得一种超然于事外的观察与审美。让我们一起享受笑中带泪的乐观与温情吧！

第十章

赞美，灵魂的歌者

好孩子是赞美出来的，在家庭教育中，父母一定不要吝惜赞美之词。希望父母经由孩子，把我们灵魂深处的赞美之声唱出来。

一、对赞美的误解

中国的爸爸妈妈比较保守，一般很少赞美孩子，不是没有能力去赞美，而是对于赞美有一些误解。这些误解我大致总结了一下，有以下几种情况。

1. 赞美会导致骄傲

有时候家长问我："杨老师，赞美孩子，会不会让孩子骄傲呢？"被家长突然一问，我一愣，心想："赞美一下，会让人骄傲吗？"我们在家长训练营做过一次赞美活动，一位妈妈站在椅子上，其他家长依次赞美她身上的优点，这个被赞美的妈妈心里乐开了花，但是她也没有骄傲。我发现赞美了这么多位家长，并没有哪个家长因为被赞美了两句，"尾巴就翘上了天"，这充分说明我们对赞美会导致骄傲是有误解的。

2. 赞美就是讨好

有的家长错误地认为赞美孩子就是讨好他，包括夫妻之间的赞美也是讨好，是拍马屁，不值得提倡。其实讨好和赞美相去十万八千里，赞美关系是平等的，不存在谁高谁低。讨好、恭维是自下而上的，是不平等的。赞美就像小时候去看戏，当戏演到精彩的时候，不管看得懂还是看不懂，大家都不自觉地发出叫好声，这是发自内心的喝彩，发乎于心的欣赏。而讨好是带有一定目的性的，是一种流于形式的赞美。

3. 没什么可赞美的

在家长训练营中，我让家长们写出自家孩子的 20 个优点，有些家长半天也写不出来，他们认为孩子身上实在没有什么可赞美的，在孩子身上实在找不到优点。有个孩子说："不是我们身上没什么可赞美的，是爸爸妈妈的眼神不好，发现不了我们身上的优点，他们缺少一双发现美的眼睛。"

4. 没必要赞美

有的家长认为很了解自己的孩子，没必要赞美。其实这说明我们没有养成欣赏人、赞美人的习惯。

5. 不能轻易赞美

有人认为"严师出高徒"，"严师"是不轻易赞美学生的。事实证明"严师"不一定"出高徒"，还有的说法像"名师出高徒""老子英雄儿好汉"，其实也都不一定。

我观察发现，大家对"赞美"这个工具的使用很谨慎，觉得不赞美会在家人面前显得很真实，赞美了会让家人感到虚情假意，自己也觉得假惺惺的，其实这是我们心中的错误观念在作祟。其实，赞美可以直通灵魂，绕过人的理性系统，像一股温暖的春风直接吹到人的心灵深处。多么好用的一个工具，不用就太可惜了。

对于得不到赞美的失落，我深有体会。我小时候学习不好，但是翻跟头特别厉害，我就希望老师多表扬我。有一次，看见我们班老师从校门出来，正跟别的老师谈笑风生，我就抓住机会在老师面前翻了个跟头，把老师吓了一跳，老师就问我："你能连着翻吗？"我赶紧说："老师，我试试。"于是，我找了个空旷的地方，连着翻了20多个跟头，如果不是老师说"好了，好了"，我都希望给老师一直表演下去。因为我平时在学习上经常挨老师批评，很希望老师能多关注我。结果老师看着我翻完跟头，说了一句："翻跟头可得注意安全，赶紧回家吃饭吧，下午还得上课呢。"老师一句赞美的话都没有说，就走了，让我很失望，以致中午的饭都吃不下了。

我小时候体育成绩好，每次体育课我都很认真地上。老师让我们推铅球，每次我都是按照老师的要求推，内心特别渴望老师能鼓励、表扬我，却一直没有等到老师的赞美。我们班有个同学推铅球，动作一点也不标准，但是因为他学习成绩好，老师就经常表扬他。当时我心里想："我的动作比他标准，老师为什么不表扬我呢？"本来我和那个同学的关系挺好的，但老师一直夸他，我就觉得不能和他做朋友了。

有一次语文老师布置作业，我第一次觉得自己写得很好、很完整，因为我付出了很大的努力。之前我很羡慕有的同学作业得

"优"，有的同学作业得"甲"，对这次的作业我信心满满，就把作业交了，希望能得个"优"或"甲"。下午放学，大家打开作业本，有的得了"甲"，有的得了"乙"，我满心期待地打开作业本，看到作业本上写了两个字——"3 草"。我就琢磨半天，这"3草"是什么意思呢？当时我就认为"3 草"一定比"甲"更优秀，心里很高兴，路都不会走了，一路蹦蹦跳跳的，恨不得飞回到家里告诉爸妈。回到家，爸爸也不知道"3 草"是什么，老师没给过这样的评语，我爸爸看着看着，突然眉毛皱起来了，说："后边是个'草'，前边是'了'吧，是'潦草'吧？"爸爸妈妈经过确认，真是"潦草"二字，我都准备要好好学习、天天认真写作业了，老师竟然给了我一个"潦草"的评语，我当时心就凉了半截。

即使今天我已是成年人了，还是能体会每个孩子心灵深处都渴望父母、老师的赞美，特别是学习成绩差的孩子，更需要赞美。很多人都想象不到一个赞美对于学习成绩差的孩子有多重要，好学生天天被赞美，不缺赞美，后进的、成绩差的学生太需要赞美了。由于小时候的心结，有了孩子之后，觉得不能让自己的孩子也有这样的遗憾，我就多赞美他。如果嘴笨不会赞美，起码做个让孩子舒服的人，不要一直打击孩子，不能让孩子在家长面前觉得自己不好。

我认为，无论是成年人还是孩子都需要赞美，赞美对每个人都很重要，好孩子是赞美出来的，所以在子女教育中，父母一定不要吝惜赞美之词。

二、赞美的作用

1. 赞美孩子，会直接提升孩子的自我价值

赞美可以像发自灵魂的歌声一样直通孩子心底，让孩子产生自己很重要的感觉，长此以往会形成心理学上的一种自稳态倾向。这种自稳态倾向换个词也叫"配得感"，就是我配得上过什么样的生活，配得上成为什么样的人，配得上交什么样的朋友。孩子为什么需要父母的赞美呢？其实是因为孩子在乎父母，更在乎父母是否在乎他，我们通过赞美，既满足了孩子在乎我们的需要，也让孩子清楚地知道他在父母心里的重要位置。相反，如果孩子自信心降低，配得感差，那么他就不会调动能力去匹配一个优秀孩子的形象，因为他觉得自己不重要，配不上考取好的成绩、过好的生活、成为好的人。所以，赞美对孩子是极其重要的。

2. 赞美决定了孩子关于自己是谁的描述，有助于孩子完成完美的自画像

每个人对于自己是什么样的人，都有一幅自画像。有人画得美，有人画得丑；有人画得形象很好，有人画得形象很差。父母

的赞美决定了孩子最初的自我认知，它让孩子形成一个综合的、稳定的自我评价。孩子借由父母对他的态度开始了自画像的描绘，这个自画像直接决定他未来的生活如何展开。孩子用美的眼睛，借由父母对他的态度，画了一幅美的自画像，最后活成了那个美的样子。如果孩子没有一幅美的自画像，想要让他开展美的行动，那是不可能的。

3. 赞美可以激发人心底的善意

一个人自我感觉良好，认为自己美，才会表现出善意，善待自己，善待别人。所以，赞美是激发人性善意的一种特别好的方式和工具。如果孩子自我感觉良好，内心善意满满，那么其大脑负责道德感的区域会让他觉得"我是个好孩子""我是个善良的人"，孩子会有极强的道德感，这样的孩子更自律。而从小被忽视、批评，容易自责的孩子往往道德感弱，自律性差。

4. 赞美让孩子有更多的动力探索未知世界

人在自我感觉良好的情况下，面对未知的事物会少一些恐惧并充满好奇，会坚信还没走过的人生、没有探索过的真理、没有学过的知识都是美好的。如果总想着这个世界是丑恶的，不值得探索，谁还愿意去求知呢？所以经常被赞美的孩子，往往求知欲更强，赞美能激发孩子追求真理、探索未知世界的欲望。

5. 赞美可提升孩子的审美素养

什么是美？什么是丑？被父母赞美的孩子，往往有发现美的眼睛和修养。小时候没有被赞美过的孩子，眼里缺少美，怎么能创造美呢？

有的人觉得赞美别人，就是贬低自己；有的人觉得赞美领导，就是一种拍马屁、恭维讨好的行为；也有的人觉得赞美了他人，他人就会骄傲自满。其实这都是大脑里的思想误区，是错误观念，并没有理解赞美的真正含义。

如果能够真正理解赞美的本质，就会发现赞美有以下特点：

（1）赞美双方是平等的关系，不存在谁高贵谁卑下，双方是平等的。我赞美你，不是你比我更优秀，而是我看到了你身上的闪光点。

（2）赞美是发乎于心的欣赏，是灵魂的歌者。就如看戏的时候，我们情不自禁地喊出"好"一样。到了动情之处、精彩之处，发自内心的一声喝彩就喊出来了。

（3）赞美一定是睁着眼睛说真话。赞美是我们的眼睛看见了他人的美好之处，其有值得我们赞美的地方。

（4）赞美是一种利导思维，它能帮助我们穿透表象看到美。

（5）赞美是正视别人，即正面地看待别人。

（6）赞美是一种审美修养。它不需要太多的语言技巧，它需

101

要的是我们内心的修养，它关系到我们有没有发现美的眼睛，心中有没有美。

我们真正了解了赞美的含义，就会发现它在我们灵魂深处的歌声有多重要。在无锡的深研班上，一位家长说："我有审美的修养，可是我的儿子不求真、不求善、不自律……"我开玩笑地回应说："如果你有审美，养出这样的孩子，可能他不是你亲生的。"因为美的"儿子"叫求真，美的"女儿"叫求善。在真善美的关系里，真和善是美衍生出来的。

那么，怎样才能有更多审美呢？

（1）想办法把做人和做事分开。

（2）放下戒备心理，让自己松弛下来。我们不能一直想着孩子学不好怎么办，将来没出息怎么办，这种消极心理会导致我们用一生的时间去验证这样一个消极的目标。正确的做法是，我们要让自己松弛下来，给自己定一个积极目标，让它引领我们的生活，因为导致失败的因素有很多，我们没必要给自己太多的假设。

（3）有意识地提醒自己，把注意力放在孩子的优点上，而不是盯在孩子的缺点上。我们要看到孩子做到了什么，而不是还没做好什么，这样再看孩子，就能看见美的影子；在思维模式上，要多思考我将拥有什么，而不是将失去什么。如果害怕失去，我们就会陷入恐惧，恐惧心会让人看到人性的恶，但一想到会拥有什么，就会对另外一个生命充满感恩。

（4）教育就是一场永无止境的审美。如果无法领会这种审美，只能说明我们"眼神"不好，不能埋怨孩子。我们要在教育中寻找美，享受生活，热爱生活；我们要把"赞美"这个工具用好，不断提升自己的审美修养，未来的生活值得向往、期待。

最后，希望父母借由孩子把我们灵魂深处的赞美之声唱出来，我们都是中国式好父母，都有中国式的好声音。

第十一章

耐心，积极等待中的回应

许多爸爸妈妈把忍耐误认为是耐心，这让我们在教育孩子时错失了很多机会，不仅无法帮到孩子，还委屈了自己。我们要从孩子身上真正理解耐心，耐心能让我们的智慧在健康、事业以及其他领域里发挥出惊人的力量，能让我们真正活出做人的艺术，活出无穷的美感。

在教育孩子的过程中，之前很少有人把耐心当成一种有效的教育工具。我们会觉得把耐心当成工具来用是一件很煎熬的事情，也很少去思考耐心作为教育子女的方式到底有什么用？如何能见到效果？我们能用好的原因是什么？用不好的原因又是什么？

有时候别人问我："你是怎么让那些不想上学的孩子重返校园的？"一开始我都不好意思说，因为我觉得自己也没做什么。这个就像我们小时候在河里游泳，就看谁憋气的时间长，我觉得自己可能属于在水里憋气的时间比较长的人。有人跟我比赛"憋气"，他"憋"了一分钟就出来了，我可能"憋"了几分钟才出来，等到我出来的时候发现那些孩子都变了。多"憋"一会儿，孩子们的变化更大。

这是我最初对于耐心的理解，我一直认为自己是靠强大的"肺活量"，强大的"憋气"功夫让孩子们走出困境的。我认为只要你能"憋"，就说明你有涵养，有修养。我和这些孩子还没相处多久，就有家长经常过来问："杨老师，孩子什么时候能去上学呢？"我就想：没涵养，"憋"不住气，只会在河岸生气。没过多久他们又问："孩子什么时候能回学校呢？孩子什么时候才能不打游戏呢？"我就想：在岸上生气谁不会，有本事你跟我一起到水里"憋"气。有的家长也感到很委屈，觉得自己对孩子已经很有耐心了，可是收效甚微。我想，我们最好将耐心和忍耐做一个对照，这样就可以更容易明白什么是耐心、什么是忍耐了。

我对耐心的理解是，它是一种积极的等待。忍耐同样是等待，却是一种消极的等待。我记得小时候我和表哥去太行平湖的一个水库钓鱼，放好鱼竿、调好深度后，我们就边钓鱼边聊天。聊了没多久，表哥就说这鱼能钓着吗？我说："应该能，这么大的水库还能没鱼吗？"表哥听着也有道理，可是过了一会儿他又问："你说这么大的水库，鱼为什么非得来这儿呢？为什么一定会来咬我们的鱼钩呢？你看这么热的天，把我们俩晒成这样，鱼在水底下多凉快。我想想这个就生气，鱼儿在底下多享受。"我说："再等一等，说不定鱼就来了，那么多鱼总得有一条咬上我们的鱼钩吧。"表哥说也对。结果没过多久，他又说："彭崭，我觉得不行，我觉得钓不到鱼。"我想：你怎么一直在这干扰我钓鱼，让我丧失信心，钓鱼比的就是人和鱼谁更有耐心。我就说："哥，咱们钓鱼一定得有耐心，你知道你为什么钓不到鱼吗？就因为没有耐心。你要没鱼有耐心的话，咱俩就变成被鱼钓了。"表哥想了想说："也是。"

过了一会儿，他又说："我听村民说过，有个人在这钓鱼，守了几天几夜，结果一条鱼都没钓到。鱼不一定想什么呢，有时候心情好了才跑出来吃一口。可能鱼这两天心情不好，它不吃。"我说："你去问问村民经常在哪儿钓？用什么鱼饵？用哪个钓位？"表哥去了一会儿回来了，说："人家就在这儿钓，有人钓到过，用的就是我们用的玉米。"我说："对，你看人家就是用玉米在这钓到鱼的，我们也能钓到。"又过了一会儿，他又说："大部分的人都钓不到鱼，钓到鱼的是少数。"我说："万一我们就是那少数呢，对吧？咱要比鱼更有耐心，那鱼不被我们钓到，还能被谁钓到？我们这么有耐心，这么有诚心，我们钓鱼的位置也对，选的鱼饵也对，鱼要不咬我们的钩，这鱼它好意思吗？"表哥就乐了，说："你这样说也对，要是鱼是人的话，它就不好意思了。"

过了一会儿，表哥又说："要不我们干脆走吧，我带你找一个地方吃鱼。那个地方是咱们县城里做鱼做得最好的，我带你去那吃鱼。"我说："钓鱼和吃鱼能一样吗？吃鱼有吃鱼的快乐，钓鱼有钓鱼的快乐，再钓一会儿吧。还有，你为什么钓了一会儿就想走？"后来他就说实话了："我对钓鱼真的不感兴趣，我最感兴趣的是吃鱼。你要是钓着了，我也可以陪你多钓一会儿。你这半天钓不到鱼，也看不到吃鱼的希望，真想不通你为什么这么长时间钓不到还能坐住。"

通过这件事我发现，我在钓鱼的过程中体现出来的是耐心，表哥则是忍耐。我从小到大都喜欢钓鱼，钓鱼时坐一天都觉得挺好，可是要让表哥坐一上午，我就觉得很了不起了。耐心是一颗心，忍耐也是一颗心，都是一颗等待的心，不一样的地方在于一颗为什么而等待的心。表哥钓鱼是为了吃鱼，为什么时候能吃到鱼而等待。我不是特别喜欢吃鱼，我更享受钓鱼的过程。我会觉得钓鱼过程充满了无限的可能性，充满了快乐，甚至钓到鱼之后，把它放生都行，不一定非得吃。表哥只有钓到了鱼，才能给他继续钓下去的鼓励。所以，这两颗等待的心是不一样的。我们要正确认识忍耐和耐心的区别。

1. 耐心是一种积极的等待，忍耐是一种消极的等待

表哥是因为吃鱼才钓鱼，在钓鱼的过程中是一种消极的等待；我是为了享受钓鱼的过程而钓鱼，这是一种积极的等待。

2. 耐心是一种情感的回应，忍耐是一种目的的回应

当家长听到孩子说不想上学时，有的家长说："怎么能在家待着呢，为什么不去上学啊？"有的家长说："不管因为什么不想上学，你要是想回家的话，就在家里面歇歇，正好还能陪陪我。"这两种家长的行为正好可以对应忍耐和耐心。一种害怕孩子不上学，认为孩子回来了就需要在家里陪着他，如同熬日子一般，每天想着孩子什么时候再去上学，给孩子回应的是一种"声音"；而另一种则是爱的守候，用一种很积极的态度面对，给孩子回应的是一种"情感"。耐心是尊重对方的自由和感受，而忍耐是绑架对方的自由和感受。

当你尊重对方的感受和自由时，就会设身处地地替孩子考虑：孩子不想上学或许是遇到了什么事情，他一定有他的难处。

因为没有能学好而故意不学好的孩子，只有遇到困难需要帮助的孩子。当他遇到坎的时候，如果我们帮不了他，最起码要尊重他的感受和自由，而不是绑架他的感受和自由。当你尊重孩子自由的时候，会发现你也是自由的；而当你绑架孩子自由的时候，会发现你也是被绑架的。

3. 耐心让人舒适放松，忍耐让人有压迫感

我从一个孩子身上得到过一个反馈。孩子跟他父母讲："我跟杨老师在一起的时候，当我不愿意说话、不愿意做任何回应时，杨老师就坐在我身边默默地陪着我。我不想说话时，他从来不会问我为什么不想说话，他只是陪着我。而你们会问：'你怎么了？你为什么不想说话？是不是哪儿不舒服了？'你们给我的感觉就很不舒服，让我有压迫感，让我紧张难受。杨老师给我的感觉就很舒服，等到我想说的时候，我也不需要解释我刚才为什么不想理人，老师依然积极地回应。"我听过之后心里美滋滋的，心里想：我可能比他父母在水底下"憋气"憋得时间长了点，结果就有效了。所以，如果你真有耐心的话，一定要尊重孩子，让孩子感到舒适放松，孩子会从心底里感激你。

4. 耐心是为行为合理性辩护，忍耐却是为行为控诉

还拿孩子上不上学举例子。有耐心的父母遇到孩子休学在家

的情况，他们首先看到的是孩子行为的合理性，他们知道孩子是
在学校遇到了难以解决的问题，所以才回到家庭汲取"养分"，
并不是因为耍赖而逃避上学。而忍耐型父母只能看到孩子不上学
时自己的恐慌，他们无法忍受孩子休学在家的行为，只会反复
地问：什么时候返校呀？为什么大家都在学习，你却待在家里
呀？……

一个是在为行为合理性辩护，一个是在为行为控诉，这就导
致一个在耐心等待，一个苦于忍耐。进入忍耐状态的人只能靠忍，
因为他看到的是行为的不合理性。

5. 耐心更容易让人接近客观事实，忍耐更容易让人虚构事实

有耐心的人过日子和靠忍耐过日子的人是不一样的。我们很
多行为都是被事实激励和激发的，这个事实具有强大的激发行动的
能力。当你看到有些人很有耐心，是因为他找到了这个事情合理的
一面。而不合理的控诉是在虚构事实，把它进行成本和效益分析
会发现：虚构出来的事实，在效益层面上暂时推动事实，激发人的
行为，但是它会造成两个后果：一是忽视了真正的事实，二是对不
确定性的东西产生了极大的恐惧。很多人在教育孩子时都是先虚构
一个事实，然后不停地控诉这个不合理性。而有的人是为合理性
辩护，是依据客观事实寻找确定性的东西。所以，靠忍耐撑的时间

不会长，而且付出的代价更惨重。

6. 耐心是理想主义者的审美，忍耐是功利主义者的目的

如果把孩子比喻成一件艺术品，以功利主义价值观为导向的话，我们盯着这件艺术品的时候就会想这件艺术品值多少钱。如果这件艺术品价值很高，我们就很高兴；如果这件艺术品不值钱，我们瞬间就没有了耐心，即使是把它当柴火烧，你都觉得它不如麦秸秆。耐心是一个理想主义者的审美，如果家长把孩子当作一件艺术品去欣赏，就会越看越觉得好看：横向比较，它有它的特点；纵向比较，它有它的历史。它是一件独一无二的艺术品，再没有比它更神奇的了。所以，当一位家长对孩子有耐心的时候，他就进入了一个审美的状态。他在欣赏孩子的时候，会表现出一个理想主义者的情怀和审美；而他在忍耐孩子的时候，则往往受功利主义价值观驱使。

7. 耐心是智者的修养，忍耐是弱者的借口

真正的耐心让你充满智慧，它不仅仅是教子的艺术、生活的艺术，还是智者的修养。而忍耐则是生意人的目光，也是弱者的借口。

8. 耐心是乐观的肯定，忍耐是悲观的否定

耐心是一个生命对另一个生命的肯定，而忍耐是一个生命对

另一个生命的否定。当你去忍耐一个人的时候，你就否定了对方。如果你相信孩子能成功，相信孩子会变好，相信你能看到美与善的人性，那么孩子也会慢慢变好。而当你忍耐的时候，你就否定了这个孩子还未被发掘出来的潜能。好比一个医生给患者治病，如果患者还有自愈能力，医生就会积极给他治疗；如果这个患者的自愈能力消失了，医生就会发现再治也没用了。同理，如果说一个孩子犯错了，我们就否定了这个孩子的优点，那么这个孩子肯定不能得到全面发展。所以，耐心是乐观的生命对另外一个生命积极的肯定，而忍耐是一个生命对另一个生命悲观的否定。

9. 耐心不是无奈之举，而是一门希望的艺术

柏拉图说："耐心是一切聪明才智的基础。"我想到父母在农村种地，他们在该等的时候等，该忙的时候忙，这是种庄稼的智慧。我们教育孩子和种庄稼有什么区别？无非对象不同。我们是孩子的教育者，面对的是孩子，换个说法，我们也是"庄稼人"。柳宗元写的《种树郭橐驼传》中也提道：该等的时候得等。你三天两头地去摇晃小树苗，用刀片划它，这能行吗？每一个教育者其实就是庄稼人穿了件"夹克"，我们做家长的，不能觉得后面带了个"长"，就感到优越。是孩子给了我们这件"夹克"，但当我们脱掉"夹克"，还是要回归庄稼人的本色，这是一种积极的等待。每一个农民在面对他种下的小麦、玉米或蔬菜时，所有的

等待都变成了一种积极的回应。它是一种顺人之天的智慧，是一切的生存智慧和教育智慧。

很少会见到庄稼人在家里一边喝着茶水，一边唉声叹气地说："这小麦苗什么时候能长高？"他们是抱着一种乐观、充满希望的心态，因为他们知道要顺应自然、顺应规律。他们知道麦苗的生长特点，知道庄稼应该如何播种、耕耘、收获。耐心是希望的艺术，而不是让人绝望的无奈之举。

许多父母把忍耐误认为是耐心，这让我们在教育孩子时错失了很多机会，不仅无法帮到孩子，还委屈了自己，这个就很不值得。我们要从孩子身上真正理解耐心，它能让我们的智慧在健康、事业以及其他领域里发挥出惊人的力量，能让我们真正活出做人的艺术，活出无穷的美感。

正是那些孩子在无意中教会了我什么是真正的耐心，教会了我什么是真正的教育艺术。我特别感谢这些孩子，看着他们一个一个返回学校，一个一个考上大学，一个一个变得越来越优秀，我觉得这是一个"庄稼人"最大的收获，也让我更坚信了人性里的善与美。人的潜能是无限的，都有自愈的能力，每一个孩子都是一件艺术品，只是雕刻方式不同。希望越来越多的家长拥有耐心这种智慧。

第十二章

提问，苏格拉底的方法

苏格拉底的"精神助产术"是在双方问答过程中，不断揭示对方谈话中的自相矛盾之处，从而逐步从个别的感性认识上升到普遍的理性认识。希望家长在教育过程中跳出局限与框架，不仅能以身作则将中华美德传承给下一代，更能吸收苏格拉底教育思想中的精华，用间接的、启发式的交流促使孩子主动学习。

　　在学校，明明孩子们学的是相同的知识，最后考试的分数却不尽相同。究其原因，涉及孩子对知识的理解程度，而这又反映了孩子求知欲的不同。

　　很多家长可能都苦恼过这个问题：早上到底要不要叫孩子起床？喊了，好像就把孩子放到了被动的立场，削弱了其主体性；不喊，孩子上学有可能会迟到，甚至还会因此埋怨家长。要想正确解决这个问题，首先要明确正确的思维方式：要不要喊孩子起床或要不要限制孩子玩手机等，涉及的是关系问题，而非价值问题。如果从功利性的角度来评判喊孩子起床的利弊，就表明我们潜意识是在衡量怎么做更有价值；而从关系的角度思考，喊不喊孩子起床的答案就不存在对与错，而在于选择人与人之间的相处方式。

　　想通了这点后，我们发现几乎把一切与孩子的相处模式都功利化了，而原因与中国的教育理念及生活方式有着很大的关系。我们知道，言传身教是中华民族的传统教育理念，意在以言语教导，以行动示范。言传身教的优势在于传承了老一辈总结出的好的理念：孩子最初的学习方式就是模仿，而教育者身体力行做出的榜样，能使孩子在一开始就树立正确的观念，并学会处事方式。然而，万事万物不可能完美无缺，一味遵循前人的教育方法意味着缺乏创新和发展，同时凸显了教育者的绝对权威。这种要求绝对服从的教育方法很容易变成枷锁，会限制孩子的主体发展。另外，教育者的至高权威也意味着孩子只需听话服从，无须了解这么做背后的原因和逻辑。而过多和过早的说教势必导致孩子丧失自尊心和求知欲，从而缺乏学习主动性，孩子对知识理解不全面、理解程度不深，学习成绩不理想也就是必然了。

与言传身教的教育方式截然不同的就是本章的主题——苏格拉底式的教育方法。这种方法旨在激发孩子的求知欲，因此，即使教育者的行为不完全规范，也不会对孩子建立正确的行为模式产生决定性的影响。苏格拉底的方法更多的是间接启发，而不是直接灌输。如果我们面对今天的孩子还想做得更好一些，就不妨了解一下苏格拉底的这种方法。为了更好地体现其方法的实用性，我们不妨用中国传统教育的代表——孔子来做一个对比。

尽管分别来自东方与西方，但孔子（公元前 551—公元前479 年）和苏格拉底（公元前 469—公元前 399 年）都是伟大的思想家、教育家。孔子是享誉东西方的儒家学派创始人，而苏格拉底与其学生柏拉图以及柏拉图的学生亚里士多德并称"古希腊三贤"，被公认为西方哲学的奠基人。毋庸置疑，孔子与苏格拉底的思想和理论都对后世产生了深远的影响，但这二人，或者说他们所代表的教育方式，还是有着非常明显的区别的。

1. 孔子遵循内心感受，苏格拉底侧重事物的本质逻辑

《论语》记载，孔子曾多次被弟子请教什么是"仁"，而孔子

每一次的回答都不同。例如，颜回曾请教孔子如何到达仁的境界。子曰："克己复礼为仁。一日克己复礼，天下归仁焉。为仁由己，而由人乎哉？"（努力约束自己，使自己的行为符合礼的要求）由此可以看出，孔子就相当于一位德高望重的长者，对于"仁"的回答并没有定义其本质，而是在劝说、教化年轻人成为仁者。

又如，孔子对弟子仲弓这样解释仁："出门如见大宾，使民如承大祭；己所不欲，勿施于人……"（出门办事要像去接待贵宾一般，役使百姓要像去举行重大祭祀一般严肃认真地完成；自己不愿意要的，就不要强加于别人）由此可见，孔子对于一个问题的解答，会因为请教的人不同、情况的不同而改变（因材施教）。此外，对于多言而浮躁的司马牛，孔子会教导："仁者，其言也讱。"（仁者的言语显得很谨慎）对于患得患失、算计过多的樊迟，孔子会规劝："仁者先难而后获，可谓仁矣。"（有仁德的人，会先付出艰苦的努力，对获得的结果不过于计较）和"居处恭，执事敬，与人忠。虽之夷狄，不可弃也。"（在家规规矩矩，办事恭敬认真，待人真心诚意。即使到了蛮荒之地，也不可舍弃这种为人之道）对于有些偏激、犯过罪行的子张，孔子会告诫："恭、宽、信、敏、惠。恭则不侮，宽则得众，信则人任焉，敏则有功，惠则足以使人。"（庄重就不会使你遭受侮辱，宽厚就能得到众人拥护，守信就能得到他人的任用，勤勉就能很有效率，施惠于人便可用人。能处处实行这五种品德，就做到

仁了）

从这个例子总结出：孔子追求的不是给予事物或概念一个通用的定义，而是从功能性的角度，给请教问题的人帮助最大的答案。

同样是与他人对话，看看苏格拉底遵循的方法。《论美德》中，智者美诺询问苏格拉底美德是否可教，还是用什么别的方法取得。苏格拉底首先说明了两人都不知道这个问题的答案（美诺知道答案就不会请教苏格拉底，而苏格拉底自己也非全知全能），要借由语言的力量，也就是讨论来寻找答案。其次，他提出两人必须先定义美德，知晓其本质，方可通过讨论决定其是否可教。

因此，比起探讨事物的属性，苏格拉底将定义事物的本质放在首要位置。这便是西方"本体论"思想的起源。对比苏格拉底，孔子的话或思想的价值在语言之外，需结合自身的生活经验感悟，所以无法通过分析语言逻辑领悟其精髓。

2. 孔子代表教化、权威，苏格拉底代表合作、平等

孔子的"诲人不倦"恰好说明其在对话中不可挑战的权威，而苏格拉底与其说话的对象一样，是平等、合作的真理的探求者。

3. 孔子代表道德的传承，苏格拉底代表真理的答疑解惑

尽管两人都很有学问，但相比孔子，苏格拉底的话语并不具

备那么高的认可度。换句话说，苏格拉底是可以出错的，因为他自身的权威和对错并没有追求真理重要。所以，以苏格拉底为代表，拥有开放式思维结构的西方教育，就是建立在怀疑而非结论的基础上。回到上文提到的关于美德的讨论，苏格拉底与美诺共同的结论为：美德即知识。但这并不是终极的结论，只能说离事物本质更近了一步。只有靠后来者以前人的思想成果（不管正确与否）为起点继续探索，才会使结论更靠近美德的真正定义。这就是为什么以苏格拉底为代表，拥有开放式思维结构的西方教育的内容在一代代地丰富、发展，而从小受儒家思想熏陶的我们，几乎没有质疑过孔子和祖先的话哪里有问题。不仅如此，后者的教育理念还会经过一代代人的传承，最终导致父母将自己当成不容置疑的权威，只许孩子听话顺从，不许孩子质疑否定，致使许多孩子被限定在名为"正确"，实则封闭的框架中无法跳脱。

　　孔子和苏格拉底作为大学问家，都曾承认自己是无知的。不同的是，苏格拉底承认的是自己对真理的无知，而孔子则是承认自己无知。此差异造成了前者对他人启发式的谈话，后者对提问者权威式的答疑解惑。总结说，我们从古至今逐渐建立起了庞大的道德伦理体系（功能、用法），却未建设如同西方那样成熟的本体论体系（定义、本质）。

　　回到之前是否要喊孩子起床的问题，正确的思考和解决方式应为：只要家庭关系和睦，无论喊不喊都是正确的，而不是分析

"喊"或"不喊"两者的利弊。这个例子说明：很多教育者是在用教育维护其在孩子面前的绝对权威，从而继续家长式的统治，并不在意追求真理。从许多家长忧心孩子不听自己的话便可证明，他们并未过多思考自己的话正确与否，也不会让孩子从生活体验和感悟中总结经验，但却一直视"我是对的""我是为你好""听我的就行了"等权威式话语为正确的教育理念，孩子一旦没做好或提出质疑，就是失控，就是辜负了父母的良苦用心。因此，中国的许多父母真的需要反思，这样的教育理念是否还适合当今的家庭教育。

对比分析完东西方教育理念，我们再将关注点放到苏格拉底的方法——"产婆术"上。苏格拉底的母亲是一位产婆，其工作不是简单地给孕妇接生，也不是将孩子生拉硬拽地从母体中拿出，而是有方法地帮孕妇接生。因此，苏格拉底的教育理念也被称为"精神助产术"：在双方问答过程中，不断揭示对方谈话中的自相矛盾之处，从而逐步从个别的感性认识，上升到普遍的理性认识。

我曾和一名高二男生讨论过学习的问题。首先，我们通过问答给了学习一个初步的定义：学习是一种普通的人类行为。随后，我们发现，我们对其他的人类行为，如健身、打游戏都很容易上瘾，却很难对学习上瘾，从而推断——这些容易让人上瘾的行为一定为我们提供了某种动力，我们不做便难受。

我们知道，在运动这种动态的行为过程中，肉体受到刺激会分泌内酚酞等物质，从而使人心情愉悦。但杜威在文章《我们如何思维》中提到，学习过程虽为静态，但人在思维中依旧能分泌和运动时相似的物质，使人对学习充满兴趣。由此说，学习和运动都会让人上瘾，只不过想要通过学习使人达到兴奋状态，所需的时间更为漫长。而保有功能性思维的中国家长和孩子们往往想省略过程尽快看到结果，于是许多人便有了"对学习上瘾非常困难"的结论。

讨论到这儿，那名男生提出：对于从小就接受中国式教育的人来说，其思维是很难转变的。我说："这其实并不是难不难的问题，而是关乎价值选择：若是预先选择相信自己很难改变，那当然就会安于现状；但若选择不相信并想要改变，不仅过去的思维方式无法对你继续产生影响，还有可能做出实际行动。"

不难发现，我与那名男生的交流更像是苏格拉底的"精神助产术"，我们通过互相提问，在相同的语言规范里共同接近真理。这种方法的好处是：不管我们通过谈话得出的结论是否接近终极答案，这名男生关于学习的疑问都从浅层次的初级矛盾（不想学习但被家长和老师逼着学）升级为深层次的高级矛盾（如何构建自己未来的人生）。不光孩子们是这样，许多家长为更好地教育孩子来到一些培训机构，明白"我即根源"后，便走上了个人成长之路，即借由解决初级矛盾来解决高级矛盾。

"精神助产术"虽简单实用，可要用好这个方法，还需满足以下几个条件。

1. 想教育好孩子，得先对教育有一定了解

苏格拉底能明白自己无知，恰恰是因为他已经懂得很多。若缺乏基础知识，是连问题都提不出来的。

2. 有统一的语言规范

为避免误解，讨论双方需确保对谈话中涉及的词语、概念的理解一致。

3. 双方立场平等

每个人都是自己精神意志的主宰，父母不要试图侵犯孩子的"领土"。遇到事情不要说教，应该互相探讨，以平等的态度交流，这样才更容易得到想要的结果。

4. 秉持怀疑的态度

亚里士多德曾说："吾爱吾师，吾更爱真理。"有时我们自以为正确的看法并非一定是对的，我们要勇于质疑，以怀疑、发展的眼光来看待问题。

5. 目的是探求真理

我们探讨的目的并非是寻求一个你对我错，也不是要说服对方。我们之所以探讨，是为了追求事物的本质，在这个过程中，我们逐渐成长、成熟、完善。

6. 保持开放的心态

双方交流时，要保持一种开放的心态。也许我们讨论到最后，也不会得到一个满意的结果，但是我们在讨论的过程中却发现了新的角度与看法，开阔了自己的视野与思维，这是一件难能可贵的事情。

明白了这些，教育者与孩子才能平等、开放地交流。苏格拉底的"精神助产法"如果运用得当，不仅能够激发孩子的求知欲，还能使双方共同成长。虽然"精神助产法"需要教育者先提高自身水平，但我希望家长们勇于尝试这个方法，不求能做到像苏格拉底那样，但一定要在实践中将这个方法运用得得心应手。

最后，我衷心希望家长在对孩子的教育中，可以跳出局限与框架，不仅要以身作则将中华美德传承给下一代，而且还要吸收苏格拉底教育思想中的精华，用间接的、启发式的交流使孩子更愿意主动学习。

第十三章

思维，看不见的真相

　　思想是倡导者，没有它，所有的一切都会结束，目的也会有损。无论是在生活中，还是在教育过程中，我们都需要借助思维走出遇到的困境，实现真正有效的教育。

思维对每一个人来说，都是自身最好用的工具之一，每一个人都拥有思维的能力。但是，我们对于思维，还处于一种浅显的认知状态，尤其对于一些普通的、没有经过思维训练的人来说，他们往往都有一个误区，那就是误认为自己会思考，误认为很多事情的结论都是通过思维总结出来的。同样，在教育过程中，很多父母就存在这样的误区，但实际上他们对于孩子的教育是没有思维逻辑的，如果我们用自己所谓的思维去教育孩子，必然会给自己造成许多的苦闷，对孩子也会造成不可逆的伤害。

一、思维误区

关于思维，我们经常出现以下几个误区。

1. 人类一思考，上帝就发笑

罗马帝国在戴克里先统治时期，推崇基督教。宗教的核心是信仰，而对于哲学家来说，他们的核心理论是怀疑。所以，那个时候的哲学家经常被迫害，大量的著作也被毁掉。于是，当时的人们都相对愚昧，导致他们的认知存在局限。而人类从愚昧走向文明，就是借助了最重要的工具——思维。思维就像一束光，驱散了黑暗。德国哲学家康德也曾在 1784 年写过一篇关于思维的文章——《要有勇气运用你自己的理智》。所以说，"人类一思考，上帝就发笑"是一个非常错误的认知与偏见。

2. 用经验或结论代替思维的过程

例如，木工在做学徒的前期，师傅只是将他们代代相传的口诀告诉徒弟，并不会教徒弟怎么实操。因为口诀并不是思维的产物，而是从经验中总结出来的，就像在教育子女方面，很多父母在询问教育的方法时，也是只知其一，不知其二，并不知道该怎么去思考。所以，在教育的过程中，我们会遭遇很多不同的困难，因为每一个孩子都是不同的个体，我们不能用同一种方法去教育不同的孩子，也不能只靠流传下来的经验，而是要通过自己的思考才能更好地教育孩子。一旦条件变了，过程变了，整个方式都需要改变。所以说，经验或结论并不能代替思维的过程。

3. 用无意识的感觉和经验代替思维的过程

在教育的过程中，我们总是把自己的意识强加在孩子身上，且不容置疑，我们的家长几乎都会将"为你好""我觉得""我认为"作为口头禅，让孩子按照自己的要求去做，或者效仿别的家长，要求自家孩子做与别家孩子同样的事情。因为很多时候，我们都是把自己的主观感受当成结论，用无意识的感觉和经验代替思维的过程，而省略了思维的过程。但这往往不是真正的思维，也不存在科学依据。所以，用无意识的感觉和经验代替思维的过程，是思维中最大的错误。

4. 认为受过教育、有文化的人才会思考

不管受教育的程度如何，每个人都是具有思维能力的。并不是说没有文化就不会思考、没有思维，这是一个很大的谬误。

5. 认为思维是最繁重的劳动

一般人都不愿意思考，觉得思考是最繁重的劳动，其实人真正的快乐，来源于思维的过程，学生真正的兴趣也是在思维中产生的。假如我们把文明进步和无知愚昧比作天堂和地狱的话，真正的天堂，是人在思维的过程中徜徉。真正受到启蒙的人是有勇气使用自己的理性思维去驱散无知和愚昧、盲目和偏见的。一个人如果在教育过程中不愿意去思考，就很难真正地教育好自己的孩子。所以说，懂得思考的人才是真正快乐的人。

思维的重要性不言而喻，想要教子成功，我们就绕不开它。那么接下来，我们首先来认识思维。它是人认识事物从现象到本质，从主观到客观的工具；也是人的意识回到事物本身，对事物进行本质还原的过程。那么，思维又有哪些特点呢？

二、思维的特点

1. 思维是对客观事物的间接反映

事情的发生并非偶然，它蕴藏着必然的因素。

例如，孩子中途辍学或者学习成绩下降，其中一定有一个本质的原因，我们必须借助思维的工具对客观的事物进行还原，找出孩子辍学或成绩下降的根本原因，帮助孩子解决成长中所遇到的难题，这样解决问题的效能才会提高。

2. 语言是思维的载体

思维是需要借助物质载体或外壳进行的，我们需要用语言来描述思维。

3. 思维是有意识的认知行为

思维是主体的行为，是意识的表现形式。

例如，做梦就属于无意识的行为，我们并不能将梦中的事物映射到现实中来，即不要把"我觉得""我认为"作为看待事物的方式。

4. 思维需要训练和规范

人的意识将思维进行有效的、规范的训练，能够更有效地解决问题。例如，军队必须是有组织、有纪律的，要对其进行规范的训练，没有纪律和训练的军队就像一盘散沙，在作战中会遭遇碾压式的打击。

5. 思维是多种方式交替进行的

思维的运作方式不是单一的，而是多种方式交替运用的。如果只是机械地运用一种思维方式，不做适时调整，很容易走入误区。

6. 思维结果无法遗传，思维过程可以

思维的结果是经验的总结，我们并没有找到一个万能的适用于所有问题的真理。面对不同的情境，要具体问题具体分析。但是思维的过程不同，我们可以凝练这些过程，把它传递给我们的下一代，它是一种宝贵的精神财富。

7. 情绪干扰思维结果

情绪影响我们的思维和判断，所以我们不要将自己的情绪带入思考中，这样会影响思考的结果。

8. 不同的思维方式构建不同的心智序列

我们用心智序列来代表人的智力高低，即越卓越的人越有卓越的序列，不同的思维方式建构的是不同的心智序列。

在认识了思维的含义和特点之后，我们又要如何规范自己的思维，有效思考呢？

（1）回到事情本身，不论遇到什么事情，都要做一个事情的描述者，就事论事，而不是做一个评判者。例如，不论孩子是在学校闯祸或是想辍学，我们都要针对这件事情来解决，不要用自己的价值观去评论事情的对错，而是要让一切回归事情的本源。

（2）对事情不预先判断，不去评判事件的对与错。不管遇到什么事情，都不要用自己的主观去判定事件的对错。

（3）本质还原和问题界定，明白事物存在矛盾的真正核心。明白事件产生的重点，不带入个人情感，理智地解决核心的矛盾，才是有效解决问题的方式。

（4）借助思维导图，围绕一个中心点去发散思维，将有限的时间和精力做有用的思考。不管有多少种解决方法，我们的目的只有一个，那就是解决面临的问题，不要将时间和精力浪费在无用的事情上，更不要感情用事。

（5）可行性检测。利用发散思维对思考出的方法一一检验，找出最佳解决方法。有的方法并不适用于自己，可能适用于别人，所以要通过大量的思考、实验，检测出最合适的方法。

关于思维，只有当我们按照上述内容做，才会看到真相，如果我们没有能力摆脱无知和愚昧、盲目和偏见，那么我们就是没有用思维的智慧和光芒去驱散黑暗。我们要敢于用自己的理性去思考，做孩子的启蒙导师。希望我们能够在生活中、教育过程中，借助思维走出我们遇到的困境，实现真正有效的教育，和孩子一起成长、一起思考。

第十四章

责任移交的方法

我们要给予孩子完全的意志自由，预先信任孩子，预先把孩子当成一个好孩子，学会推动那双看不见的手，把责任转变为孩子的需要。

　　怎样把应有的责任移交给孩子，是父母比较关心的话题，同时也是给很多父母造成困扰的一个话题。有的孩子对自己的行为不负责任，对自己的行为无顾虑，对集体的感受、利益也漠不关心，这时父母就陷入了两难的境地。父母想把责任移交给孩子，可是孩子好像无法承担这份责任；但是不移交给他，又害怕孩子以后放任自流。这种两难的境地给父母带来了很大的困扰。

　　这是我们观察到的一个现象。那么事实真的是这样吗？其实，你深入观察就会发现孩子也有难处，甚至比家长更难。

　　以一件小事为例，在我儿子小时候对词汇还不完全理解的时候，有一次我做了一件让他很生气的事。他用一个词反复地对我说："我命令你。"我说："我好害怕。"他又提高嗓门说："我命令你。"实际上，他根本不明白"命令"这个词是什么意思，但是他会用这个词来表达他的控诉。我就问他："你为什么要命令我呢？"他说："你对我不好。"我说："我对你不好，你就要命令我吗？"他说："我一定要命令你。"后来我回忆，原来我和他开玩笑的时候用过这个词。我对他说过，"我命令你吃饭""我命令你听话"，他就记住了这个词。当他要表达他的诉求和抗议的时候，就学会了使用"命令"这个词。过了一会儿，他气消了，又说："我不命令你了，咱俩一起玩儿吧。"我说："你刚才都命令我了，你为什么还要跟我玩儿呢？"他说："我想和你玩儿。"我就问："你是命令我还是喜欢我呀？"他说："你要和我玩儿，我就喜欢你。"我说："那你刚才还命令我，我很迷惑，你到底是喜欢我还是命令我？"他说："我喜欢你。"我说："那是谁让你命令我、喜欢我的呢？"这个时候，儿子就开始迷惑了。他说："我让我喜欢你，我的生气让我命令你。"我就问他："那你的生气在哪儿呢？我得把它找出来，把你的生气赶跑。我不喜欢你的生气，一定得把它找出来。你的'命令'吓坏我了，它姥姥家在哪儿呢？它妈妈你认识吗？"他说："我不知道它姥姥家在哪儿，也不认识它妈妈。"

其实我举这个例子就是想说，有时候和小孩子玩，玩着玩着就能玩出一个很深刻的命题。孩子是无法回答是谁让他生气，又是谁不让他生气的。是谁让他喜欢你，是谁让他讨厌你，又是谁让他对你产生了深深的依恋？如果我们关注生命的初始状态，就会发现很多有趣的事情。好像真的有一个除了我们以外的人存在，这个人在控制孩子的情绪状态，甚至在控制孩子对父母的依恋。这个时候你会发现，孩子已经自觉或者不自觉地在履行一种责任了。

我小的时候特别不喜欢上学，但是作为学生没有办法逃避，必须去上学，这件事给我造成了很大的压力和焦虑。我就想办法藏起来，藏到邻居家的门后，以此来逃避上学。这个时候，我妈妈就会到处找我，我很清晰地听到她喊我的声音，越来越近，越来越近。我躲在邻居家门后把眼睛闭起来，怕她找到我。后来慢慢听不到她的声音了，我就以为她找不到我了，但是突然就会听到有人在我的耳边温柔地说了一句："喵嗷。"我一睁眼，就看到妈妈笑嘻嘻地看着我。那会儿我就觉得很委屈，我就会哭，边哭边说："我不想上学。"她说："你不想上学，你想做什么呢？"我说："我想玩儿。"她说："你该上学了，你不去学校怎么办，老师在等着你呢。"但我还是觉得很委屈，就说："我想玩儿，我不想上学。"

　　举这个例子的目的就是要告诉大家，我身为一个孩子，就是想玩儿，可是谁对我这个想玩儿的行为负责呢？然后反过来再想一下，要是我不想玩儿就好了，就能马上去上学了，可是我就是想玩儿啊，是谁让我想玩儿的呢？一般家长都会把这个责任主体归咎于孩子，家长会认为就是孩子想玩儿啊，他要是不想玩儿不就好了吗？但是孩子无辜的地方，是他也不是真的想玩儿啊，是谁让他想玩儿的呢？带着这个问题，我们就要了解责任移交的第一个大前提。

　　责任有两个大类：一是被预先给定的责任，二是被后天赋予的责任。上文举过的两个例子中，我们容易把预先给定的责任和后天赋予的责任混淆。例如，孩子想玩儿，这本就是他被预先给定的责任，是他与生俱来的，是他身为一个人，本能就有的一种需要，他得对这种需要负责。就像婴儿刚出生就知道吃奶一样，谁教过他怎么吃奶吗？他怎么就知道那样吃呢？这些神奇的事情就是预先给定的，婴儿吃奶是他的需要，吃饱也是他的需要。同样，孩子想玩儿也是与生俱来的，是被赋予的一种需要，这种需要并不是孩子主动选择的，而是被选择的。孩子作为人也是被给定的角色，这不是由他决定的。

我们作为人会无时无刻地有需求，无时无刻需要履行责任。就好像给你赋予了一种责任，你有责任吃，有责任玩儿，有责任寻求安全感，我们都是带着某种被给定的责任和使命而来的。如果没有这一切，我们就没有这么多的烦恼。你会发现你带着这些自己都解释不了的需求，在不自觉地履行一种责任，甚至舍身忘我地在履行这种责任。所以，如果你能跳出来看自身、看孩子，你就会明白这种设定好的程序把人导向了繁衍生息的轨道，用一个词概括就是人性——人的天性。那人能不能没有这种需求呢？答案是否定的，人不可以没有饥饿感，不可以没有安全感，不能不对父母依恋，不能不取悦妈妈，不能不向爸爸证明自己。

第二个就是后天赋予的责任，这种责任更多地反映在我们作为社会人的角色里。你在扮演社会的某种角色的时候，同时就选择了一种责任。作为父母，要有作为父母的责任；作为学生，要有作为学生的责任；作为老师，也有相对应的责任。而当我们在扮演社会人这个角色的时候，就需要完成社会人的任务。

从这两点就可以得到责任移交的方法。大自然把它想要达到的繁衍生息的目的变成人类的责任与需要，进而让人类自觉地去履行，即使这个任务是大自然的目的，但是它也让人类以为这是自己的需要。同理，父母如何让孩子将好好学习这件事当成自己的目的和责任呢？就要如大自然一般，做到让孩子拥有完全的自由意志。

第一，要让一个人拥有意志的完全自由，只有当他以完全的意志自由地行动时，他才能对自己的行为完全负责。大自然给了人类个人意志，它让人拥有意志完全自由的同时，也让人不自觉地对自己的行为负完全的责任，所以人类对繁衍生息是负完全责任的。父母其实是可以参考大自然这个高明的责任移交的方法的，这个方法也可以叫作"自然法则"或者"一只看不见的手"，还可以叫作"人类的父母""人类的导师"，等等，无论叫什么，它都赋予了我们意志的完全自由，让人不自觉地对自己的人生、对大自然的目的负起完全责任。

第二，我们不仅被预先给予完全自由，而且被预先信任。当你做错或者做得不好的时候，你对大自然说："我活不下去了。"大自然只会用沉默来回应你，因为它相信你能克服眼前的困境。无论你如何说和做，大自然都是沉默的，因为它已经给足了你自由，你是被预先信任的。大自然是不会替你或帮你解决问题的，它只会用沉默来回应你。从大自然的角度来看人类，还有一个问题就是人是会被预先原谅的，无论你走的路有多坎坷，犯了多少错误，大自然都已经预先原谅了你，你只需要继续跟着你的需要去完成某种责任和使命。

　　同样，作为父母，我们在帮助孩子成长的过程中，在把责任移交给孩子的时候，希望孩子主动学习，希望他对自己的学习行为负完全责任。那么，父母应该怎么做呢？

　　父母要让孩子意识到学习是他的责任，学习是他的需要，学习是他自己的事情。举个例子，我的儿子小时候有次写作业写到一半不想写了，说想去踢足球，我就抱着足球站在门口喊他去踢球。这时候，儿子提出一个问题："我的作业怎么办？"我以大自然视角看这个问题——需要给他完全自由，他有权决定他的行为。我问他："你更想写作业，还是踢足球？你只能二选一。"他纠结一番，选择了踢足球。于是我把行动自由都给了孩子，我带他去踢足球，一直踢到晚上11点钟才回家。他一进家门愣在原地三秒钟，哭出了声，边哭边说："我作业还没写完，可是我困。"我说："你困了就睡觉。"他又说："我作业没写完呢。"我就问他："你更想写作业还是更想睡觉？只能二选一。"他选择了睡觉。第二天早上五点，他又开始哭着喊着要起床写作业，边写边哭。我说："别哭了，作业没写完，慢慢写，我陪你写。"这句话就好像大自然对人类说："我原谅你，这不是什么错误，你不要害怕，我不会怪你，你是被预先原谅的人。"

　　类似这样的事情发生过很多次，他在上初中的时候曾控诉过我，说每次他想玩儿的时候我比他还积极，不管他学习，不要求他，说不管他说什么我都说行。其实，这就是我给他的绝对自由，完全信任他。直到现在他都不知道，我们做父母的是很希望他学习的。当孩子把学习当成自己的需要时，我们就不需要替他操心了，因为他拥有意志的完全自由。在保证安全的前提下，他可以自主决定他的行动，所以他就对他的行为负起了完全的责任。我们作为父母，非常想让我们的孩子主动学习，所以我们不妨模仿大自然，让人类为了达到它的目的心甘情愿、任劳任怨，不惜一切代价地去繁衍生息。从这个角度来看，孩子的自由度越高，他的责任意愿就越强。

父母应预先信任自己的孩子。我们会发现，父母越信任孩子，孩子为自己行为负责的信念就越强。那父母应该怎么做呢？父母要先承认孩子的能力，承认孩子的自身价值。孩子一出生，父母就把他当成未来的科学家、未来的总统，把他当成大人物去尊重，孩子就会产生自我的概念。因为孩子从父母的态度里看到了自己的重要性，他就觉得他的生命是很重要的，将来是要干一番了不起的大事的，所以他个人的主体价值就很高，他的主体价值越高，责任意愿就越强。

父母需要先把孩子当成一个善良的好孩子去对待。这个时候父母对他越好，他的责任感就越强。也许孩子在成长的路上会做很多错事，但是我们要记住，孩子的责任能力就是从试错中培养出来的。我们不能只要求他有责任意愿，也要培养他的责任能力；同样，大自然也不只是给了人类责任意愿，也给了人类一个权利，就是试错。生存环境给了人类压力和阻力，大自然允许人类试错，人类的能力就是在反复试错的过程中得到提升的。人类感觉自己是被大自然预先原谅的，无论做错什么都会被原谅，这就给了人类试错的勇气和力量。这就是大自然把责任移交给人类的办法。

　　所以，我们作为父母，不要把孩子的需要转变成我们的需要，父母希望孩子好好学习，但是要悄悄地把这种愿望转变为孩子自身的需要。

第十五章

学习主动的方法

　　家长要修正大脑中的一些观念和想法，不能把孩子当成客体，要利用孩子的主观能动性达到教育目的，要激发孩子的主观能动性，使孩子发自内心地想学习，以此达到互相沟通和理解的目的。

我相信 99% 的父母都尝试过如何让孩子主动学习，当然我本人也做过尝试。我认为每个人都有自己的方法和绝招，但是从结果上来看，大部分家长是很难让孩子做到主动学习的。那么，到底哪些方法、哪些工具能让孩子变得主动学习呢？这就是我们将要探讨的问题。

一、常见的让孩子主动学习的方法

1. 讲道理

对孩子讲道理，告诉孩子书中自有黄金屋，书中自有颜如玉。大部分家长会告诉孩子，对于学习这件事情你需要主动地去做，这样才可以获得好的成绩，父母是无法替代你去学习的，打开书本学习将会是一件非常美好的事情。但是从实际结果看，父母发现越给孩子讲道理，孩子的求知欲越低。我们对孩子讲："少年不知勤学早，白首方悔读书迟……"但是对于有些聪明的孩子，讲着讲着你会发现孩子懂的道理比你懂得都多，所以想通过讲道理，让孩子主动学习是一件比较困难的事情。

2. 家长行为示范

有的家长通过自身行为示范，做出学习的状态呈现给孩子，如在孩子回家的时候，父母坐在沙发上看书等，给孩子做出学习的榜样。可是，孩子还是没有学会主动读书，而且孩子很容易无视父母的存在。比如，孩子通常会回房间打游戏，做自己的事情。

3. 对孩子动之以情，晓之以理

还有的父母会对孩子动之以情，讲一些为了孩子好、希望孩子将来有出息、父母老了指望孩子养老等话。父母苦口婆心做的事情、讲的道理都是为了让孩子主动读书学习，不消极被动，不抗拒学习。动之以情在有些时候会让孩子感动一会儿，但是时间一长，孩子会变得无感或者觉得父母在演戏，甚至会出现讨厌父母的情绪。还有的父母时刻监视孩子，在房间装摄像头监控孩子的一举一动，如果孩子有不好的行为，父母会立刻对孩子进行说教等。监视时间长的话，孩子会学会伪装自己，会在监控范围内装给父母看，而父母监督不到的时候则是另一番行为。所以，这样的方法短时间有效，长此以往却收效甚微。

4. 物质利诱

父母会通过与孩子之间的交易让孩子主动学习，如承诺孩子考试达到一定的成绩后，满足孩子的某些愿望。父母的初衷是希望孩子好好学习、主动学习、对自己的学习主动负责等，可是从结果来看，这样的行为会导致孩子的物质欲望越来越强，逐渐地超出父母的经济承受范围或者心理承受范围，直到无法通过物质诱惑促使孩子主动学习。

5. 目标引领

有的家长会给孩子定一个目标，然后把目标分解成小目标，之后列好详细的计划和任务。有的孩子在定好目标之后虽然想完成，但是行动能力太差。

6. 道德绑架

还有的父母对孩子道德绑架，把学习行为的主动和被动用高尚和卑下来区分：主动学习的孩子是高尚的，被动学习的就不是高尚的，还会用古人和名人的高尚行为对孩子旁敲侧击。这样孩子慢慢地会采取非主流的学习方式，会开始关注学习之外的事情。所以，父母为了让孩子主动学习，采用这样的做法，有很高的风险。

7. 比较

有的家长经常拿自己的孩子和别人家的孩子比较，这样做的后果会造成孩子和被比较的孩子不再来往，或者孩子逐渐和不如自己的孩子比较，甚至有的孩子会在父母之间做比较，反过来质疑父母的教育能力。

上述方法都是大家普遍认为有效、好用的办法，但是从实际效果来看，很多方法并不能让孩子主动和持续学习。对于教育孩子，家长们会遇到各种障碍和困扰，那就说明对于这些问题我们还需要梳理和分析。

二、让孩子主动学习理论梳理

1. 厘清让孩子主动学习是谁的诉求

首先，我们要明确的是，希望孩子主动学习是谁的诉求。家长通常会认为自己让孩子主动学习是为了孩子好，认为孩子应该主动学习。可是对于孩子而言，学习与否是他自己的事情，家长需要明确这一点。父母的需要不等于孩子的需要，不是孩子的意愿，在每一个诉求的背后，都代表着对自己的行为负全部责任。

比如，有时候身边的人会给家长出各种各样的主意让孩子主动学习。我们不妨把这些主意罗列到一张纸上，并在纸上写道：出一个主意给一万元钱，但是出主意的人要为它负全部责任，并且要承担相应的后果，如果结果并不理想，那么就要十倍奉还。这样一来，可能大部分人都不愿意签字。人们通常喜欢给别人出主意，但是并不愿意对自己所出的主意负责任，不愿意承担相应的后果。所以，家长在给予孩子帮助的时候一定要负责任，不能把家长自身的需要等同于孩子的需要。

2."知道主动学习"和"主动学习"是两个概念

如何让孩子主动学习，几乎是所有父母的需求。每个孩子在思维层面都知道要主动学习、好好学习，但落实到行动层面，却很难做到。那是因为，在知道和做到之间，有一条巨大的鸿沟。

20 世纪 60 年代，德国出现了许多反资本主义的学生游行抗议活动，被称为"六八运动"，对当时的资本主义制度造成了很大的冲击。民间各种矛盾冲突和纷争连续不断地爆发，社会变得越来越压抑，人们逐渐变得消极被动，人和人之间的交往变得对立且矛盾。资本主义制度的优越性受到了挑战，在当时的社会引起了很大的反思。

经过几代人的不懈努力，20 世纪 80 年代，德国的哲学思想家尤尔根·哈贝马斯提出了一个在人类思想史上占有一席之地的重要理论——交往理论。这个概念的提出为资本主义后期国家中的对立矛盾、反资本主义等社会动荡现象提供了重要的理论支撑。他发现资本主义社会发展到一定程度，不断进步的科技反过来操控着人类，物质的丰富对人类的精神生活形成了压迫，所以整个社会向功利主义价值方向发展，物质对人的精神生活也形成了压迫。

为此，他很清晰地提出了两个概念：工具思维和主体思维。

工具行为就是人为了达到某个目标而采取的行动。例如，老百姓为了庄稼的丰收所采取的各种种植庄稼的劳动。它的思维模式是主体思维，老百姓为主体，庄稼是客体，包括外在的自然客观世界也是客体。人和物质世界或者自然世界是互动模式，它体现的是主体思维，人作为主体，有主观能动性。

根据哈贝马斯理论，在孩子和学习之间，孩子是主体，学习是客体。如果去掉边界条件，孩子独立面对学习的时候，他的整个思维模式是主体思维：我如何学好，这件事情是我的责任，我在里面扮演什么角色，是自身的诉求。人为了达到某个目标所积极采取行动时的思维模式是主体思维模式，在做事情的时候会体现出人的主观能动性。

哈贝马斯发现那个时期的矛盾并不是来源于人们为了达到某个目标而采取的行动，而在于主客关系。著名理论"交往行为"中所阐述的就是人类之间关系的问题。交往行为是两个以上的主体通过一定的媒介发生的互动行为，但它不是一个人压迫另外一个人去达到某个目的。例如，你希望孩子学习是你自身的愿望和需求，你的需求不等同于孩子的需求，所以你不能用自己的需求去绑架孩子的需求，即使你的初衷是为了孩子着想。如果我们带着功利目的来做这件事，就很容易出现压迫别人的行为。哈贝马斯很清晰地意识到，当时集中爆发的矛盾就和人的交往行为有关，我们走进了交往行为的误区，人和人之间的交往模式变成了主客关系，这种关系更多体现在工具行为上。而真正的人和人之间不应该是工具行为，应该是真正意义上的交往行为。教育者是主体，被教育者也理应是主体。父母希望孩子学习，首先要明白父母和孩子间的关系不是主体对客体的改造，而是要改造自身的知识，目的是使家长和孩子之间的关系更加合理化，达到彼此理解，而不是通过改造孩子达到互相理解。

人和人的交往方式要以理解和沟通为目的，不能把对方当成工具。如果家长把孩子当成工具，让孩子通过学习实现自身的诉求和需要，这样就剥夺了孩子的三观能动性，孩子的主体思维就无法体现出来。家长应该在交往行为的互为主体的关系基础上，让孩子在面对学习的时候，转变思维方式，进入真正意义上的主体思维。孩子自身应该怎样做才能好好学习？应该采取怎样的行动？如何做才能对自己负责？这些问题都应该是孩子自身的需求。

如果孩子原本就没有学习的诉求，没有向上的欲望，没有主观能动性，只是作为一个客体的存在，那么我们无论如何也是无法把孩子教育成才的。所以家长要修正自身大脑中的一些观念和想法，不能把孩子当成客体，要激发孩子的主观能动性，利用孩子的主观能动性达到教育目的，使孩子发自内心地想学习，以此来达到互相沟通和理解的目的。

第十六章

培养兴趣的方法

兴趣是一个好老师，通过教育背后的方法深刻理解怎么帮助孩子产生真正的学习兴趣，以便更好地在引领孩子成长的过程中规避导向错误的风险，这是一种高级的教育方法。

父母作为家庭教育者，都希望培养孩子的兴趣，让兴趣充当孩子最好的老师，觉得如果孩子能在学习或者工作中产生兴趣并感受到其中的乐趣，这无疑是莫大的礼物。但在实践中，如何寻找兴趣并让兴趣引领他们，却不是一件容易的事。兴趣看不见摸不着，我们怎样才能找到它呢？

我们平时在寻找兴趣的过程中，经常会有以下几种误区。

一、寻找学习的娱乐兴趣

武侠小说中描写，得了"对学习没兴趣的病"就去天山找雪莲，吃了名叫"兴趣"的天山雪莲就有了兴趣。我在上小学的时候就找过"兴趣"，那时对学习压根没兴趣，父母每天又热切地想让我学习，尤其是我奶奶，天天在后边追着我，督促我要好好学习。但我对玩乐更有兴趣，并一直在寻找如何在学习上有点娱乐精神。后来为了不让父母痛苦，我经过深刻的检讨、苦苦的探索，终于找到一个折中的办法，然后就彻底变了一个人，每天坐在院子里抱着厚厚的书，有时被蚊子叮两口也浑然不知，连吃饭也不积极了，达到了废寝忘食的状态。奶奶高兴得到处跟人家说她孙子突然开窍了，每天读书都顾不上吃饭了。我爸妈和邻居听到了都为我高兴，认为我找到了读书的兴趣。

那我是如何找到这个娱乐精神的呢？其实这与我捧着的那本

厚厚的书有关系，后来也被揭穿了。邻居哥哥怎么都不相信我会突然爱上学习，非得跑到我们家一探究竟，然后我就倒霉了。他跑到我奶奶面前说："你孙子可真是爱上学习了，他读的是《射雕英雄传》。"——那是我二叔的书，我以为从那儿找到兴趣了。奶奶回来一边哭一边数落我："你骗奶奶，你念的字就不是老师让念的。"我当时就想，如果这种和平景象保持下去该多好，我在金庸的书里感受到了娱乐，为什么非得揭穿呢？现在，我发现很多学生和当时的我一样，看武侠小说和言情小说如痴如醉，但是回到学习上，看一些纯文学作品就不行。如果以娱乐性作为学习兴趣的向导，会发现它就像一场温柔的欺骗，并没有真正地让我们产生学习兴趣，反而沉沦了美好的青春，就像染上精神鸦片一样。

德国思想家马克斯·霍克海默曾经很尖锐地批评过现代工业社会的娱乐，他认为它并没有真正导向学习兴趣，只是让人们找到了一种情绪释放和精神解脱的途径。

二、把学习当任务

老师、家长给学生布置任务，只会盯着学生有没有完成。学生在这种压力下，不断以满足别人的期望为任务，用一个又一个任务做向导，不知不觉中自己的主体性就被剥夺了。所以，最终不仅没找到兴趣，反而变成了学习的奴隶。

三、以目标为导向

以目标为导向的方式往往会让孩子在学习的过程中不停地追问自己，学习到底是为了什么？这样会把人导向功利，也就是说当感觉到学习没有价值的时候，就不想再学习了。这种情况下，孩子并不会真正地爱上学习，也不会对学习产生兴趣。

四、以知识为导向

培根说过，知识是改变世界的力量。他归纳出人对知识的追求体现在与大自然互动的过程中，人只有掌握了正确的知识，才能拥有对大自然的主动权。正是因为人对自然的畏惧，才建立了科学系统，它让人摆脱愚昧，去除错误的认知，把知识落实到技术上，再把这些技术变成一种实现某种目的的工具。从源头看，知识和权力是同义词，追求知识并不是为了找到学习的兴趣，而是导向对权力的拥有，通过对知识的掌控达到对外在物质世界的控制以及对人的控制力。

德国思想家海德格尔曾经追问艺术作品存在的依据到底是什么？有人不明白为什么艺术家寥寥几笔就是一件艺术作品，也不明白为什么那么多人对艺术作品那般如痴如醉，更不明白为什么还有人愿意花高价去收藏它。海德格尔把艺术作品的物质属性分成三种：第一种是作为艺术作品的物，比如一张纸、一个小泥人等；第二种是作为器具的物，比如陶瓷、镰刀等；第三种是作为大自然的纯粹之物，比如凡高的画，以及路边的大树、小草等。艺术作品最大的价值不是有什么用，而在于它有艺术性。艺术作品的本源在于艺术家。只有有了艺术家，艺术作品才有了审美性，进而产生神秘的愉悦和无限的精神享受。反过来艺术家又是如何成为艺术家的呢？有人说当然是通过艺术，那艺术何来，却得不出结论。海德格尔做了分析，他认为，一定有第三者将艺术家和作品连接在一起。第三者哪儿来的呢？它是发生在作品之中的世界与大地的冲突，世界是客观存在的，大地是人的生活世界，艺术作品来源于客观世界和生活世界之间的冲突。海德格尔对艺术作品的探讨和学习兴趣的来源异曲同工。

五、兴趣真正的向导到底是什么？

如果把世界分为三种：

第一种世界是借由书本探讨知识的客观世界，是客观存在，是不以人的意志为转移的。无论承认与否，知识一直就像科学一样努力向我们呈现真理、向我们呈现客观世界，如太阳东升西落、人们每天日出而作日落而息、四季更迭。

　　第二种世界是观念世界，是存在于学习者大脑中的主观世界，是对客观世界的认知。如果一个人长得像自己的朋友，结果我们在大脑中描摹出来却有差距，这就是黑格尔辩证逻辑的起源，它有对立、有矛盾、有统一。如果要检验这幅画像哪里不一样，哪里统一，这就引入了第三种世界——生活世界。

　　第三种世界是生活世界，唯物主义与唯心主义的区别在于引进了生活实践，拿着这幅画像去指导实践生活，产生的冲突矛盾会推动我们重新去临摹这幅画像，使其更接近自己朋友的形象。客观世界、主观世界、生活世界三者共同构成了辩证法。在矛盾和对立统一中，我们不断地去反思自己、反思历史，最后达到统一的思维，并在这个过程中产生了极高的审美体验。这种审美体验是学习兴趣的来源。书本上的那些符号都是客观世界的东西，学习者在这个过程中形成自己的主观认知，并在生活世界应用。发生的矛盾、冲突通过反思性思维调解碰撞，用海德格尔的话说：最后真理通过人的主观世界在生活世界找了一个家，让不断涌现的真理栖息在生活世界的大地上，在学习过程中产生的极高的审美体验让人流连忘返。

　　兴趣的本源不是任务，不是功利导向，也不是权力，兴趣的真正来源是审美，是矛盾冲突在统一的过程中碰撞出来的火花，是超越物质以外的悟性，被赋予了美感和艺术性。

　　我回忆自己真正喜欢上读书是初中的时候，当时我们班一个女生经常在报纸杂志上发表小文章，我就羡慕得不得了。这名女生写的文章颇有文采，怎么看她都像白天鹅，而自己却像个小丑鸭。后来跟她走得比较近了，她就跟我讲如何写出好的作品，也给我推荐了很多书。我读书的兴趣真正萌芽就从那时开始，最初是对她才华的欣赏甚至羡慕，然后爱屋及乌。为了趋同欣赏之人，为了向他人致敬，最好的方式就是借由他喜欢的对象去喜欢这个人，借由知识去喜欢这个人，这个是我真正对学习产生兴趣的原因。所以我读书的目的不是为了有用，也不是为了娱乐和完成任务，而是向审美致敬。

兴趣确实是一个好老师，通过教育背后的方法深刻理解怎么帮助孩子产生真正的兴趣，以便更好地在引领孩子成长的过程中规避导向错误的风险，这是一种高级的教育方法。

第十七章

习惯养成的方法

习惯养成是我们理解和解释行为的过程，是显现自己、表现自己的过程。所以，当理解和解释能力不断增强的时候，行为方式就会表现出超强的优越性，它能帮助我们快速地适应环境，形成良好的行为习惯。

每位父母在培养孩子习惯的过程中或许都曾有挫败感，他们也在实验、实践层面做过一些探讨，比如如何认知一个习惯是好习惯还是不良习惯？如何培养良好的习惯？但是他们在认识论和本体论方面并没有做过较多的思考和探讨，所以最终都以失败而告终，形成了习惯很难养成的观念。

在日常生活中，我们常见的习惯养成的方法如下：

1. 盯着行为改行为

很多家长为了让孩子养成良好的习惯，经常采用唠叨、指责、批评的方式，试图让孩子摒弃不良习惯，可是这并不能起到良好的效果，反而在一定程度上强化了孩子的这些不良行为。因为当我们用一双"纠错"的眼睛来与孩子相处时，孩子在我们眼中看到的就是一个糟糕的自己，他会认为自己原来这么差劲，在父母眼中没有一点儿优点。久而久之，孩子心中就形成了自己是个坏小孩的想法。

有一种观念叫恨铁不成钢。我们的前置性观念如果认定了孩子是"铁"的本质，我们的注意力焦点就容易放在"铁"上面，所以孩子往往最终被确认成了"铁"。盯着行为改行为最终的结果就是，我们不希望孩子养成的习惯却被固化了，和我们最初的期望南辕北辙。

2. 讲道理

通过讲道理告诉孩子行为的好坏，试图让孩子养成好习惯。但实际情况是，发现孩子理解的、做的和家长期望的不一样，有时候道理讲得越多，孩子的动力反而越弱。

3. 用道德标准去约束行为

我们设置的纪律和规则，往往容易导致哪里有压迫哪里就有反抗。这些道德标准容易变成孩子在行为层面反抗的对象，而不会帮助孩子养成习惯为未来保驾护航。

4. 依靠意志力

意志力是一种可消耗资源，它有极强的不稳定性。

5. 行为示范

行为示范对于年龄小的孩子比较适用，大龄孩子因为已经有了自主的意志、自由的选择，所以行为示范未必会对其形成较大的影响。

每个人都有习惯，习惯一旦养成，人就会进入无意识的行为状态。但随着周围的环境不断地变化，无意识的行为状态不一定适用所有环境。

习惯是人的行为形成模式化、自动化的过程，其目的是适应环境。习惯的养成分为三个阶段：

第一个阶段：为了能在第一时间对各种情况作出反应，人类形成了模式化、自动化的行为反应，在做出这种行为反应之前，不需要用理性的思维去思考和分析。适应环境能对人类生存起到积极的推动和帮助作用，其弊端在于对环境的稳定性要求很高。

村里有个人养了一头驴，主人越抽它，驴就越不听话、越不走。主人被这头驴折磨得受不了。有一次，在一口旱井旁边，主人毫无顾虑地把驴打得发疯乱蹿，因为井口比较大，最后驴就直接栽到井里去了。在平地上驴上蹿下跳没事，但是环境已经变了，在井旁做这种行为就不行了。所以说，自动反应模式形成得越稳定，应对环境变化的能力就会越差。很多家长在教育孩子上很像原始人应对环境的方式，只是让孩子简单地把某些行为多次重复，最后形成一个稳定的模式，其实这对于孩子适应变化着的环境并不友好。

第二阶段是主体在对客体的理解与适应的过程中形成的行为模式。人在理解环境、认知环境的过程中有理性认知和感性认知，它们对人的行为有极强的影响和支配作用。在理性认知的前提下产生的适应性就很有弹性，一旦认识到环境变了、情况变了，人类的自动化反应模式就能表现出有意识的一面，及时做出调整和变化，以适应新的环境。

我儿子小学四年级之前写作文内容特别短，经常只写五六句。我就找了一篇他的作文《恐怖的西瓜读后感》，首先通过理性认知评价："对作者的介绍清晰明了，并从作者介绍转到内容层面，只是中间省略了过程，直接写了结尾。满分100分，老师给30分是因为老师有可能不了解你，根据这篇作文看你的写作能力，爸爸给你70分是因为老爸知道你的能力，不要觉得分数低了就怀疑自己，伤心难过。"结果第二天儿子给我看他写的《恐怖的西瓜读后感2》，写得挺好，我让他坐在椅子上，动员全家人给他鼓掌一分钟。每个人都给予点评，孩子还很谦虚："你们过奖了，也没那么好。"在这个过程中，没有人跟他说作文要写长些，错别字要改正。所以，我们在观念层面要有一个正面的理解，不要轻易否定孩子的能力，然后在感性上让孩子知道他是被信任的、被理解的，孩子就会主动适应好的习惯。所以说，理性认知指引方向，感性认知为行为提供动力。

第三阶段是伽达默尔把习惯养成升华了，把认识理解升华到本体论的层面，认为习惯是人的理解和解释行为的过程，是人显现自己、表现自己的过程，是最高级的习惯养成方式。他认为内心的理解会引领自己如何在环境中反应和表现，人是理解者的存在，主、客体关系变成了一种相互交融的关系。

习惯的养成并非我们认为的那样，它隐藏着一套完整的行为理论。当我们从认识论和本体论的角度去思考和探讨习惯养成时，我相信大家应该会有新的认知和看法。在以后的生活中，我们不妨智慧地利用这一理论去帮助孩子，同时也帮助自己养成良好的习惯，让习惯的养成不再是难题。

第十八章

智力教育的方法

　　大脑工作的原理就是让大脑进入一个理想的状态，让大脑根据它的方式而不是我们认为的方式来工作。在知道了影响智力表现的因素后，家长要在现实生活中尽力地施行，尽力地做好。

智力教育，即大脑理性的工作能力。如何利用科学的方法，培养出一个聪明、智慧而且心理健康的孩子呢？智力教育的方法是什么？下面我们来看一下大脑在什么样的条件下，能有更优越的表现。

我既有过被别人说笨的体验，也有过被别人说大脑"开光"的体验。我小时候很笨，四句古诗，反反复复地背依然记不住。老师就跟我较劲，中午的时候大家都去吃饭，老师不让我去，在教室里看着我背，一遍一遍地提问，我还是记不住，他就一遍遍地说我笨。我印象最深的就是背《悯农》，那么简单的一首诗，我就是怎么读都记不住，老师就扯着嗓子，咬牙切齿地边提醒边骂："都读了多少遍了，还是记不住，真是笨死了。"

为什么我当时总是记不住呢？仔细回想，其实就是身心过度紧张的缘故。身心过度紧张是记忆提取失败的原因之一，奥地利心理学家弗洛伊德曾说过，遗忘是由情绪或动机的压抑作用引起的，如果这种压抑被解除，记忆也就能恢复。

我儿子参加中招考试之前，我找他聊了聊："你马上就该中考了，你的很多同学都在玩命似的学，甚至牺牲吃饭、睡觉的时间，但这样学不一定能考出好成绩。因为我太理解了，就像我小时候，在紧张恐惧的情况下，注意力是分散的，脑子里的东西提取不出来。"

我当时给他画了一个瓶子，假设里面是学习了三年的知识，单位时间内能倒出多少东西，与瓶口大小有关。只有身心放松，"瓶口"才能加宽，单位时间内倒出的"东西"就多。所以我建议儿子在中招考试一个月前把学习节奏放慢，让身心放松下来。我就陪他打乒乓球、聊天、讲笑话。结果孩子中招考试一结束就跟我说："你懂不懂得什么叫超水平发挥？就是平时觉得没记住的东西，考试的时候都会了，考试期间感觉大脑拥有超强的工作能力，就像超人一样。"我告诉他："你没输入的知识也无法输出，你之所以能超水平发挥，就是身心放松的缘故。"

身心放松是智力教育的关键。所以，我们要教会孩子在学习时身心高度放松，这样大脑才能高度专注，才会进入高效的学习状态，这是智力教育的第一个关键点。

智力教育第二个关键点是自我观念。这是关于孩子对自己"能"还是"不能"的观念，即一个人对自己的综合稳定的评价，也是影响孩子智力表现的一个重要因素。

儿子上幼儿园的时候，我经常骑电动车送他去上学。他站在电动车前面的踏板上，每次看着他的小脑袋在前面晃来晃去，我都忍不住亲一下。有一次，他让我把电动车停下来，问我："老爸，你干吗总在我脑袋上亲来亲去？"我本来想表达我多么喜欢他，后来想到董进宇博士的一句话：人是受自我观念局限的生物。那么人的智力表现，是否也受自我观念的局限呢？我想试一试，于是我就换了句话回答儿子："你头上有股聪明的味道，就是智慧过剩散发出来的味道。"结果儿子很高兴，当天从幼儿园回来，就让家里人都闻他的脑袋，所有人都发出赞叹之声，难道这就是智慧的味道吗？众口一词，儿子高兴极了。

儿子上小学的时候，他的班主任告诉我，这孩子很聪明，学东西很快。老师很纳闷，没经过训练，怎么这么聪明呢？我当时对老师说："我儿子从来就不知道笨。"

如果孩子的大脑工作状态不好，表现愚笨，其实都是受自我观念的局限。孩子对于自己是笨还是聪明的概念，一定是从成人的态度里获得的。人的大脑的工作状态，一种是"我能"，一种是"我试试"，还有一种是"我不能"，大多的时候都是"我试试"的状态。我跟儿子最大的区别就是他处在"我能"的状态，而我是"我不能"。我小时候还没开始背诵，大脑就已经进入"我不能"的状态了。跟同学相比，他们的大脑就像生物智能计算机一样，处在高度活跃、高度运转的状态，而我的大脑却处在死机、待机的状态，这样怎么能记住东西呢？

我遇到过一个初一的孩子，他妈妈说他记忆力很差，根本记不住东西。他妈妈当时让他背诵《陋室铭》，说都读了100遍了，就是记不住。我当时看了他读书的状态，真的跟我小时候一模一样。我就给他讲了我小时候的事，我告诉他，我们两个都是被自我欺骗的天才，脑子里关于"我笨"的观念一直在骗自己，故意不让自己记住。一旦发现这个秘密，脑袋就再也骗不了你了。但是被骗了这么多年，要想重新相信"我能"，需要一段时间。辅导孩子一周之后，这个孩子逐渐恢复信心，《陋室铭》能背下来了，又找了一篇古文试了试，比之前的表现好多了。

我对这个孩子的训练有三点：一是放松，他在我面前不紧张，一般别人都是相互比聪明，我们俩是比谁笨，因为当他遇到一个比他更笨的人时，是没有必要紧张的，身心是放松的；二是纠正观念，短时间内，虽然他不能把"我笨"的观念摒弃掉，但是可以慢慢输入"我可以"的想法；三是体验，让孩子一边记忆，一边打败错误的观念。于是，这么一个被老师放弃，把家长逼疯的笨孩子，有了明显的进步。

智力教育第三个关键点是观察力的训练。很多孩子大脑的工作能力和早期的观察力有一定关系。例如，上小学低年级的时候，很多小孩都表现得粗心大意，考试的时候经常会因为粗心而把会做的题做错，这主要是因为思维缜密度不够，孩子早期的心智图式在大脑中建立的清晰程度不够。

孩子大脑的工作能力，需要依赖这些早期建立起来的心智图式。孩子上学使用的语言符号，需要与大脑中大量的图片关联。比如同样的苹果，仔细观察会有颜色的不同、纹路的不同、细腻度的不同，这些都需要长期的观察训练。所以，要尽可能仔细地去观察。

儿子小时候，我经常带他去花鸟虫鱼市场观察，如猫与狗的不同、猫与猫的不同，仔细观察树叶、植物等。孩子在观察的过程中，会在大脑里建立心智图式。随着观察力的提升，大脑里图片的清晰程度也会越来越高。对微小事物的仔细观察，就是一个人事业、艺术、科学及生活各方面的成功秘诀。

智力教育第四个关键点是好奇心。很多小孩对很多事物都充满好奇，拥有极强的好奇心，什么都想知道，什么都想问。当孩子对事物充满好奇心的时候，千万别放过这个机会。好奇心如果仅仅是好奇，很难变成心智的工作能力，只是一种资源。当孩子有好奇心、有很多问题的时候，我们不要急于告诉他答案，而是要善于引导和启发孩子的好奇心，让他借由问题去寻找答案，让好奇心发挥出最大的价值。面对孩子的问题，我们可以用问题去引领好奇心，而不是用答案去结束好奇心，让孩子试着去做一个寻找真理的人。

智力教育第五个关键点是不要轻易打断孩子说话。孩子在说话时，有可能口齿不清、颠三倒四、前后不一致，这时候千万别打断他。语言是思维的载体，孩子的语言表述，其实是在梳理自己的思维。大脑接收到信号之后，就会开辟一个回路，尝试通过哪种思维方式更顺畅地完成问题。我们应该鼓励孩子多表述，做一个好的倾听者，并适当地给孩子提醒。

智力教育第六个关键点是心智序列。神经语言学很清晰地告诉我们，每个人大脑中都有一套卓越的心智暗码，这套心智暗码以不同的方式进行排列组合，如进行演绎、推理、归纳、抽象、直觉、运算等，并分别进行不同的排列组合。孩子大脑卓越的工作能力，从神经语言学上来说，就是有卓越的心智序列。这些卓越的心智序列从哪儿来的呢？我们给孩子讲名人故事，让孩子看名人传记，有条件的话还可以给孩子找一个优秀的人生导师——大脑有卓越表现的老师，让孩子潜移默化地模仿他们的思维方式，于是孩子也拥有了和老师一样的大脑工作表现。我们常说"严师出高徒"，其实真正的严师不一定出高徒，应该是"名师出高徒"，如之前讲的伽达默尔的老师是海德格尔，罗素的老师是数学家怀特海，他们都有名师引路。

智力教育第七个关键点是非功利性的学习动机，即学习动机不是为了某个目的，不是为了一定的分数或者得到一定的奖赏。大脑要进入的是一个状态，而不是一个目的。孩子学习的目的，不仅仅是为了考大学、为了分数。那还能为了什么？可以是为了遇见更好的自己，不用去跟人比。体会自己的大脑到底有多强，让大脑进入一个审美的工作状态，而不是功利的状态，这样大脑才能有卓越的表现。

智力教育第八个关键点是引发孩子快乐的情绪。孩子情绪好的时候跟情绪差的时候释放的激素是不一样的，那么学习的状态也就不一样，学习的结果自然也就不同了。

　　大脑工作的原理就是让大脑进入一个理想的状态，让大脑根据它的方式而不是我们认为的方式工作。我们知道了上面这些影响智力表现的因素后，在以后的现实生活中应尽力地施行，尽力地做好。

第十九章

情感教育的方法

　　许多事情并不存在绝对的对与错，而在于你自己如何思考；你脑中形成的价值判断，都只是假设，而不是终极结论。由此，我们就能为孩子将来形成成熟的情感反应提供开放的基础与前提。

一个人的情感来源于他的情绪。情感教育，就是将一个人本能的、纷繁芜杂的情绪反应变成可控、有序的情感回应。情感教育的过程，就是人类从动物走向人、从蛮荒走向文明、从非理智走向理智、从物质需求走向精神需求的过程。人类的现代生活除去物质方面，极大部分来源于精神方面。在家庭教育中，我们不仅需要解决孩子物质层面的需求，还要负责孩子情感方面的教育与精神方面的成长。

几万年前，在缺乏安全、文明及道德系统的原始社会，我们的祖先生存的首要任务是处理好人与大自然的关系问题。在那个蛮荒时代，人类的身体素质和适应环境的能力与野生动物相差甚远（现在仍是），稍有不慎就会丢掉性命。而顽强活下来、不断进化，直到现在形成人类社会的我们，对一些危险的环境与动物早已形成条件反射般的预警系统，以致我们看见猛兽时，不用经过细密的思考和分析，就会直接逃跑，以求一线生机。如同遇到危险时人类的生存本能一样，动物对于自己的幼崽，也会产生本能的、无条件地想要保护的反应，致使它们会不惜拼上性命保护后代，在面对其他危险的猛兽和恶劣的自然环境时，迸发出无限潜能，与其搏斗。

随着人类越来越强大，文明程度越来越高，许多以前十分危险的因素，如今已无法对我们构成威胁。比起大自然中的威胁，现在人类更关注的是如何适应社会环境，融入同类与群体。人类已然成为地球上绝对的统治者，留存在我们基因中的情绪反应模式，有些已经不再有存在的必要，有些更会导致我们在现代社会中反应过激。它们存在于我们的大脑中，隔三岔五就会拉响各种警报，使我们烦躁、焦虑，甚至会不受控地对自己的孩子演习一遍，最后不仅没有起到帮助作用，反而会伤害我们最亲近的人。因此，人类在完成社会化的过程中，最大的问题已不再来源于自然、猛兽等外在因素，而是我们自身。因此，如何了解、控制自己的情绪，成了现代文明急需解决的一个重要问题。

预警系统成了我们的一种本能，但为了避免其带来的焦虑和情绪爆发伤害我们，人类需要有意识地训练这些情绪模式，直至它们能够适应，并对我们的现代文明、集体生活起到正面作用。比如说，在各种情绪模式中，将母亲为自己的孩子奋不顾身、拼尽全力的保护行为单独抽离出来看，其实就是现代人说的"母爱"；再将这种情感运用到现代社会人与人的关系中，也能很好地适应现在这个更文明、更安定的社会环境。纵观情绪反应模式，预知危险的警报式情绪反应占总体情绪模式的80%~90%，而善意、正面的占10%左右，从其中辨别出有利于群体合作、哺育后代的情感，并加以训练，便是情感教育的主要目的之一。

第一，现代人的完满生活除了物质需求外，还追求精神生活的富足，而且一旦后者出现问题，势必会影响我们满足前者。可以说，能否满足精神需要决定了一个现代人自身是否幸福。现代社会需要的、情感教育也能做到的功能之一即为帮助我们逃避孤独。人类现在不再仅仅满足于生存与温饱，而是追求更高级的精神满足，这意味着每个个体都需要与他人交流，不愿离群索居。我们渴望被关怀、渴望被理解、渴望被爱和友谊环绕，孤独虽然是我们一辈子都无法摆脱的宿命，但通过正面的情感可以被抚慰、被减弱、被暂时忘却。这成了一种推动力，使人愿意在考虑自身利益的同时，最大限度地关爱、善待同类，以此获得爱、友谊和善意。群居的野兽最多只能做到几十只合作捕猎，而人类可以汇聚成成千上万人的集体，就是因为有牢固的情感纽带将我们凝聚在一起，而动物做不到。

第二，我们还可以通过别人对我们的情感来描摹自身的形象。由于自我认识时会出现各种偏差，我们通常是通过与环境和人的互动结果（如我受不受欢迎）来了解自己的人格特征的。我们对自身会形成怎样的人格描摹，很大一部分是由情感因素决定的。

第三，情感直接关系到价值观的形成。在判断是非对错、善恶美丑时，我们需要一套普适的或大众化的标准。在人类社会中，什么是道德的，什么是不道德的？对待信任的人时，怎样做是好的，怎样做是不好的？这个人的哪些举动表明我们需要远离他，哪些举动表明我们可以与他深交？可以说，情感教育对我们价值观的形成非常重要。

第四，情感教育可以使孩子养成适当的外界灵敏度。要想适应和准确判断现代的社会环境与生活，人的安全感或者说对周遭环境的灵敏度，既不能过高也不能过低，而要恰如其分。想做到这点，只能由教育者创造一个充满情感的成长环境来达成。

第五，情感能使人与同类建立合作。21 世纪，所有成功都不是一个单独的个体的成功，而是群体合作的结果，因而群体合作成了人才培养的一个重要指标。而决定一个人是否能够与他人建立稳定的、互相信任的、有利于合作的关系的因素，就在于其能否同情和善待同伴。

第六，情感对于人获得意义影响很大。科学研究表明，母亲给予的爱是人的精神源头。现代许多的心理疾病，其成因就在于患者与母亲没有建立健康、良好的情感关系。缺乏理性意味着缺乏逻辑，从而让人无法解释一切事物的本质；而缺乏和母亲之间的情感联结，人就无法对任何事物赋予含义。人是寻求意义的生物，但人生意义并不来源于我们的成就，而来源于我们与母亲、与他人之间的关系。

第七，情感教育能更好地帮助我们追求幸福。我们都或多或少地追求精神上的富足，而精神生活的最高目标便是追求幸福。幸福并不是指拥有丰厚的物质条件，或者对他人、对社会的充分掌控，而是来源于一个人的情感生活。

基于以上七个主要功能，在现代的家庭教育中，有意识地对孩子进行情感教育是必不可少的。如上所说，情感教育中最重要的一环来源于母亲。要想给孩子良好的情感训练，那么他的母亲必须先进行情感关注和训练，并从中感到了幸福，拥有了足够的安全感，再与他人建立良好的情感关系。一位母亲的情感能力取决于以下几个方面。

1. 自己与自己源头的关系

我们在多大程度上肯定父母，也将在多大程度上接纳自己；我们在多大程度上接纳父母，也将在多大程度上获得自由。父母是我们的因，我们是父母的果。如果一位母亲很难从自己的爸爸妈妈身上获得足够的情感和安全感，难以与他们建立一种和谐的、良性的亲子关系，那么这位母亲就会缺乏爱人的能力，也就很难去爱自己的孩子。在这种情况下，母亲就要拥有与源头和解的能力。

2. 价值重塑

尼采说："价值观就是幻觉。"他认为一个人的价值观可以靠自己重塑。诚然如尼采所说，人类社会一代代逐步形成的价值观成就了现在的我们，但在某种程度上确实会压抑和绑架我们的情感，给我们设置一定的障碍。由此，我们可以这样理解：价值观并非客观的是非标准，而是人类基于自身环境产生的主观意识的体现；没有人对我们负责，除了我们自己，所以，当我们遵循的社会价值观干扰我们时，可将其砸碎重塑，使其更符合实际。

3. 情绪识别

情感教育同样依赖安全、稳定的家庭环境。想要构建和谐、良好的家庭环境，夫妻和家人之间的关系尤其重要。好的家庭关系能为孩子提供稳定的良性成长环境，对其情感教育、恰到好处的环境灵敏度和安全感，都会有很大帮助。在孩子有各种各样的情绪时，情感教育是帮助其识别、了解这些情绪最好的机会，而不是评判、教育其情绪波动是对是错的时候，因为教育的目的是让孩子了解事情的本源，而不是形成害怕的感觉。

4. 回应方式的训练

带着儿子在小区玩时，我会和其他小朋友交朋友，让儿子看到：在想与小朋友一起玩时，我会怎么说。别的孩子邀请我一起玩时，我如何回应，等等。这是因为在知道孩子会观察、模仿父母言行的情况下，家长要身体力行地训练孩子在各种情况下做出正确的回应的能力。除此之外，家长还应该尽可能引导孩子专注于良好的情绪体验，而非将注意力集中在不良的方向上。

5. 价值重估，诚实地面对自身

之前提过，我们在人生最初形成的价值观未必完全客观。如果能够诚实地看待这个世界，随着眼界的开阔，我们就能随时对许多事物进行价值重估（甚至是重塑），以此保证自己的价值判断与情感反应不冲突。

因此，我们需要告诉孩子：许多事情并不存在绝对的对与错，而在于你自己如何思考。你脑中形成的价值判断都只是假设，而不是终极结论。由此，我们就能为孩子将来形成成熟的情感反应，提供开放的基础与前提。

第二十章

自然的选择与方法

从自身出发，回到自己和自然的关系里，更好地适应环境。我们要从自然选择的维度看待问题，看待自身，看待教育，帮助孩子走出困境。

"凡是富有的，还会给他更多；凡是贫穷的，连他仅有的也会给他拿走。"如果这不是大自然的选择，又会是谁的意志？

我在重庆讲课时，有个小女孩和她妈妈一起来找我咨询。孩子辍学在家许久了，在与我的交流中，她的眼神既流露出对返回学校的渴望，又流露出对返回学校后无法适应学校环境的恐惧，因此她十分纠结，也恨自己为什么不能克服心理障碍。因为我也有相似的辍学经历，所以我当时就希望通过讲一讲我的经历来给她一点启示，但是我发现这并不能温暖到这个孩子。可能年代太过久远了，毕竟我休学是 20 世纪 90 年代的事，现在都是 21 世纪 20 年代了，我就觉得是不是我的那段经历已经不够"时尚"了。最后又不得不回到她遭遇的问题根源上来：无法适应老师，无法适应同学，无法走进新环境。小女孩讲她自己也做过很多次努力，可是无济于事。但她还没有完全放弃，希望能找到一万种方法之外的第一万零一种。

有些人会从相似的同学关系、师生关系、亲子关系中就事论事，让自己从中受到启发。这个小女孩也试图这样做，但始终都会从某个卡点绕回到原点，她明白道理是道理，实践是实践，知道应该行动，可就是行动不起来，总觉得自己做不到。

我觉得自己不应该是一个陪伴者、抚慰者，更应该做一面镜子。如果我没办法在一个更高维度上成为这面镜子，带领小女孩看到更多的可能和事实，她能走出来或者得到指引的可能性几乎为零，因为小女孩觉得她周围都是铜墙铁壁，处处充满了危险。我就换了一种方式问她："我能感受到你强烈的想返回学校、返回人群的意愿，那这个意愿是不是真的？是不是父母设置障碍不让你回去，是不是老师同学看不得你好，是不是社会制度针对你？"她说："不是的，父母巴不得我回去。"我就站起来给她做演示，面对面地讲话表达善意。在这种方式下，她能看清、听清，能感觉到我的温暖。然后我再拉开距离向她表达善意。在这个过程中，她发现如果保持一定的距离，获得爱的感受、爱的体验就会弱。再远一点，比如到门口甚至到楼下，情感联系就会更弱。而人和人之间的情感联系是意义的唯一产物，所有的意义都来源于人，而不是源于做成什么样的事。我们并不是不需要爱，并不是不需要与人保持着情感的联系，所以核心问题就是人际关系出了问题。

我们最初出于安全感的考虑，与人保持距离，这在一定程度上削弱了我们与他人的情感联系，越渴望拥有老师、同学、家长的爱，越感到他们的爱很遥远，甚至感受不到。

我们在家里待得时间越长，就越会对人际关系产生恐惧。为了消除这种恐惧，要么降低欲望求得平衡，不考虑上学的事情，要么就是要坚强一点，解决自身的困扰。那到底是谁的意志产生了这两种结果呢？经研究发现，这是一种自然的选择结果。

人类对于自然的选择和方法一直到 19 世纪才有浅显的认识。

1809 年，法国生物学家拉马克在《动物学哲学》中提出进化学说：用进废退和获得性遗传。1859 年，英国生物学家达尔文写的《物种起源》证实了进化学说。到 19 世纪末，德国的生物学家魏斯曼提出"种质连续学说"，认为遗传物质是经过变异，是自然选择的结果。后来美国遗传学家摩尔根提出了基因论，他在魏斯曼的基础上提出基因在变异，基因在适应环境的观点。一直到 20 世纪 50 年代左右，分子生物学说有了新发展。该学说认为每一个人不仅是自然的产物，又是整个物质的过程，是历史过程的记录者和反应者，每一个人就是一部自然史。所有的万物都在竞争，所存留下来的事物就是大自然选择的结果。自然是所有事实的总和，有些物质是看得见的事实，有些物质是人类理解的事实，有些物质是看不见甚至理解不了但依然存在的事实。大自然就是事实本身，无论是否看得见，无论能否理解，大自然都是唯一恒定的存在，它遵循物竞天择、优胜劣汰的原则。

基于这种大原则，人类的基因就拥有了一个意志：未雨绸缪，适者生存。环境会不断变化，我们需要靠自身强大的能力去适应它。所有父母都希望自己的孩子，享受童年应有的快乐和成长，但是基因不是这么想的。如果一个人适应环境的能力越强，它会让人更加适应，一旦适应不了，基因就遵循优胜劣汰的原则：适应能力强的留下来，适应能力弱的慢慢被淘汰出竞争序列，返回群体，适应环境就变得更加困难。

　　我当年休学遇到的那些问题其实和现在很多家长在教育孩子中遇到的问题很相似，如果放到一个较高的维度看就是基因意志。基因要应对的就是未来的风险，最大限度地让物种在环境变化中延续下去。有时候是我们适应能力弱，并不是环境不配合我们。适应能力弱一点的人就对环境的条件要求高一点，如希望老师、家长、同学更支持自己。但是自然的选择不会对人有一点点同情，它是所有事实的总和，有时候很温和，有时候很严酷。《圣经》语："富有的，给他更多；没有的，把他仅有的也拿走。"自然的选择就用了这种方法，如果有爱还会给更多的爱，如果缺爱就会更缺乏爱。

　　我就告诉小女孩："这是大自然在淘汰你，是因为你表现出来的较弱的适应能力。你认为是环境不配合，甚至觉得自己是正义之士，想凭一己之力改善这个环境。同样的老师、同样的同学、同样的学校，为什么别人能适应，你就不行呢？老师即使再不好，却还会有人喜欢，一个人再好也会有人不喜欢。有时候是我们适应能力的问题，并不是环境不配合我们。""老师，那你采取的方法是什么？""我的方法很简单，宁可学习不好，甚至宁可不考大学，也别想让我离开人群，因为人与人的关系是我获得爱和意义的唯一来源。但是基因的意志和目的会让我驱离爱和意义，越来越远离人群，更封闭，更不敢面对，更害怕。如果站在更高的维度看问题，你就看清楚了自然的选择和方法，当考学的目的、学习的目的以及所谓的道德目的不再绑架我的时候，我发现居然能走进人群跟人交往，产出更多的爱和意义。最后唯一获胜的是物种基因，在适应环境上占据更高的位置。每个人的基因都是一部自然史，在和自然互动的过程中，如果认识论跟不上，看问题的视野太窄，就很容易成为被淘汰的对象。"

让我特别欣慰的是，那个困境中的小女孩能明白我话中的含义，她的眼神笃定了很多，多了很多清澈的东西，有了更大的力量和勇气。

许多家长在教育孩子的过程中也出现了适应力的问题，有时说孩子这样不对、那样不对，无法理解和适应孩子的一些行为，其实这并不是因为代沟，而是因为无法适应现实的环境和孩子，这样怎么能帮助孩子、教育孩子呢？这时我们就需要警醒自己是否进入了优胜劣汰被淘汰的一方。没有什么好孩子还是坏孩子、好环境还是坏环境，只有适应还是不适应，主动适应就会进入一个富有的、越来越好的、越来越如鱼得水的环境。孩子的学习成绩其实反映的也是适应环境的结果。如果孩子无法适应环境，抱怨、挑剔、指责的情绪会告诉基因，让它把仅有的也拿走，让我们在教育孩子的过程中事与愿违，每一步都走得异常艰难。

解决这个问题的唯一方法就是学习、改变、成长、主动适应，而不是被动等待、消极抱怨。当你无法理解时，请停止胡乱解释，回到"我是一切的根源"上，从自身出发，回到自己和自然的关系里，更好地适应环境。通过这章的讲解，希望我们可以从这个维度看待问题、看待自身、看待教育，帮助孩子走出困境。

第二十一章

证实与证伪——科学的态度

　　真正有科学态度的人，既能在现实生活中运用弗朗西斯·培根的归纳法，也能运用逻辑实证主义的方式来界定科学，更能对界定的东西提出假设、猜想和批判，然后形成新的结论和判断，在证实和证伪的过程中循环往复，永无止境。

我们在教育孩子的过程中，亲子关系出现了诸多的问题，导致教育结果事与愿违。我们理所当然地认为事情应该往我们期望的方向发展，但是通过十几年辛辛苦苦的教育，却发现事情朝另一个方向发展了。造成这样的结果有三大问题：

（1）我们被眼前的问题所困扰。

（2）我们摆脱不掉过去的历史性难题的纠缠。

（3）我们对未来不确定性的恐惧。

作为父母的我们可能终生都要被这三个问题所缠绕。有一位妈妈发信息说，她的孩子经常在学校里捣乱，校长让她到学校去监督孩子，她问校长："要监督多长时间？"校长说："起码两周，如果再出现逃课现象，我们就会把他开除。"

这位妈妈非常想寻求一种解决的方法。一般人会觉得解决这个问题很难，其实这个事情构成了三个问题：

第一个问题：眼前面临的问题是这位妈妈如何看着孩子，让孩子不再逃课，并认真学习。

第二个问题：这个孩子的问题是个历史性问题，孩子的现状不是一天两天形成的，可能是有历史性问题没解决，或者过去养成了一些不好的习惯，或者过去积累起来的某些诉求没有满足而造成的，它是一个缓发性的问题。

第三个问题：是对未来不确定性的恐惧，这是孩子会不会被开除的最后一次机会，家长对孩子的未来充满了不确定性的恐惧。

而我们一般面对过去、未来、现在三大问题的解决办法有：

一是家长的从众心理。面对逃课的孩子，很多家长都是狠狠地揍孩子一顿，希望孩子能长记性，以后不要再逃课。看到别的家长这样做了，我们也这样做，但很多时候真理并不掌握在大多数人手里，有的孩子被家长揍了一顿后依然逃课，甚至比以前更过分了。这样我们就更迷茫了，不知道该怎么办了。

二是寻找老师、教育学家、心理学家、成功人士等权威的专家们。结果，我们发现权威专家们讲得也不一样，这是因为他们所处的立场和角度不一样，所以给出来的解决方法自然也不一样。

三是孩子违反纪律、不学习的行为是有一定的历史原因的。例如：孩子过去的主体行为被破坏过，过去的正常需要被压抑过，过去的行为习惯没有养成，导致孩子现在出现了问题。这些历史性原因导致现在的结果：如果再违反一次纪律，孩子就会被开除。这个结果让我们对孩子未来不再违反纪律、不再逃课没有了信心，充满了恐惧。当面对孩子的时候，家长就容易焦虑，信念就容易垮塌，就无法再信任孩子。

为了解决这三个问题，我们很多人由从众心理慢慢到寻找权威专家，却收效甚微，后来就将目光聚焦到科学的方法上，问科学的结论到底是什么？那么，什么样的科学方法能解决现在遇到的三个问题呢？

在奥地利科学家、哲学家卡尔·波普尔的证伪主义出现之前，人类惯常的思维方式是把所有相似问题的案例全部搜集在一起，从许多的案例里找出效果好一点的方法来使用。但惯常思维不能解决每一个孩子的问题。例如，我们比以前更加信任孩子，给孩子多一些宽容，多一些理解，那么孩子在未来逃课的概率只可能会低一点，并不能彻底解决他的问题。

我们一般都会陷入一个困境：我该信谁呢？我该怎么办呢？最终，经过一系列的案例研究，科学出现在了我们的视野。科学作为一个工具，能降低孩子不良行为出现的概率，但不能百分百地解决我们面临的困境。我们除了要有科学的方式方法，还要有科学的态度；科学的态度能大概率降低风险，还能给予我们教育方法的支持。

科学的态度到底是什么呢？

科学家认为17世纪之前是不存在科学的，因为这个时期的科学没有用足够的样本进行归纳和梳理，没有经过科学的实验得出结论。经过发展，英国的哲学家弗朗西斯·培根提出了归纳法。归纳法是我们从足够多的样本里进行归纳梳理，得到一个具有普适性的理论，这个理论是经过实践验证的，从现象中抽离的普适性的理论，在实践层面进行了验证，是科学的体现。

科学发展到20世纪后，培根的归纳法经过几代人的梳理，形成了逻辑实证主义。它以经验为依据，以逻辑为工具，进行推理，用概率论来修正结论。但是卡尔·波普尔对此提出质疑。质疑的理由有两个：一是有限不能证明无限，二是过去不能证明未来。他的证伪理论是划定有没有科学性的一个很重要的标准。

我们还以前面这个案例为例，看看哪种理论解决此类问题更有效。时刻看着孩子这种方法明显不管用，事实上我们也看不住孩子，把孩子打一顿效果则更差，让孩子写保证书，纪律也约束不了他。但当我们试着去表扬孩子、信任孩子、理解孩子时，发现效果会好一点，越理解孩子，越能更好地限制孩子的行为。但是这种方法也不能百分之百地解决问题，因为这只是个普适性的理论，因人而异，且需要家长去不断地尝试。

波普尔是从众多问题里先找到一个尝试性的理论，换句话说，我们得出来的所谓科学结论、科学方法，只是一种假设。逻辑实证主义的方式是通过归纳梳理，以经验为基础去检验、观察理论，然后用概率修正结论，所有这些科学家的结论、方法理论，都仅仅只是一种猜想。最后，需要对反驳得出的结论，通过证伪消除错误。

我们通过证伪发现，这根本不是一个时刻盯着孩子就可以解决的问题，同时还要考虑孩子过去的一些因素。它是一个历史性问题，孩子的这些行为有惯性，或者说它在哲学层面是一个不在场难题，如果不考虑历史因素，是解决不了问题的。

人是环境的产物，也是历史的产物，如果是过去的经验造成的问题，如有的孩子适应不了环境，在学校里总是挑剔、指责别人，因此交不上朋友，他越挑剔越没朋友，逐渐被边缘化，之后就想辍学，逃离当下的环境，此时越批评他、打击他，他就更想逃离这个环境。过去的环境形成了经验，他和这个世界、和人互动的方式就是这样的，他必须在未来的时间里，用新的经验来塑造一种新的体验，如果他没有被正确地接纳过、理解过，没有被人正确地对待过，他就无法获得新的经验，那么他的问题终将无解。

要解决新的经验问题，就牵扯到一个环境问题，他这么挑剔别人、指责别人，谁能包容他、接纳他、理解他？谁还能够以爱去面对他？哪个环境能支持他？波普尔的证伪理论大致有以下几个阶段：

第一，从眼前的问题中形成具有普适性的理论，这个理论可以被检验，但不能把这个理论当成一种结论，它只是一种猜想、一个尝试性的理论。

第二，对这个理论进行证伪，通过反驳证明得出来的理论有问题。

第三，通过否定和反驳一个理论，人们发现问题的性质发生了变化，变成了一个新的问题。

传统意义上的科学观或者科学态度认为：科学的探索过程就

是分析问题、解决问题、得出结论的过程，然后用经验去证实结论。经过科学研究得出来的结论是确定的，而科学知识也意味着真理，但波普尔的证伪理论的科学发展模式告诉我们，理论处在静止不变的状态，科学研究是一个持续发展的动态系统：提出问题、猜想、反驳、修正，再提出新问题、再猜想、再反驳、再修正，一直朝着某个终极状态前进，但是也可能永远达不到某个终极状态。证伪理论彻底颠覆了我们以前一直坚信的一个信条：科学就意味着真理，实践是检验真理的唯一标准。科学永远都是试探性的，而不是决定性的理论，不存在一劳永逸的理论，再成功的理论也不过是人暂时的猜想和假说，总有一天会被证伪。

波普尔不把科学视为确定性的绝对真理，他的证伪理论更强调追求真理的过程。任何东西在波普尔看来，它的可证伪度、可检验度都很关键。它的可证伪度、可检验度越高，就证明它的科学性越高。理论中包含的信息越少，它其实就越难被证伪，它的科学性就越低；反之，一个命题的信息量越大，就越容易被证伪，它的科学性就越高。例如，东北将会下雪，它的信息就很少，科学性就很低。如果说吉林长春将会在明天早上 6 点 37 分下大雪，它的信息量就较多，科学性就较高。我们在教育孩子的过程中，往往是信息越简单、越笼统，包含的信息量越少，可证伪的程度越低。

波普尔证伪理论的提出，不仅仅是天赋和修正，更是科学的态度。其实，科学界、哲学界都不承认波普尔，波普尔的理论后来能流传下来，变成我们现在科学的态度，主要原因是以爱因斯坦为首的少数极有影响力的科学家认为他说的是对的，赞同他的观点，承认波普尔。后来，我们认为的科学观就是波普尔发现的科学观，同时认为波普尔确实说得有道理，是科学对自身的反思。

现实生活中，我们教育孩子，更多的是想寻找一种一劳永逸的方法，而不是每天活在一个结论的概念中。面对不断形成的问题，我们要敢于探索，敢于犯错误，敢于去尝试，敢于面对过去的自己，敢于对过去形成的结论进行批判和证伪，这样才能推动科学的发展，推动我们变得更好，在自我变得更好的同时，也解决了问题。

当着手解决眼前问题的时候，我们先形成假设和猜想，然后再判断这些假设和猜想的真伪，最后再形成新的性质的问题。证伪是我们现代人一种非常好的生活态度和科学态度，是我们的一种教育态度，也是我们的处世智慧，它推动了我们家长科学知识的不断增长，自身能力的不断提升。我们要想解决问题，不断增长知识，就需要经过证伪的过程。

科学的态度是目前能让我们更好地教育孩子、更好地获得幸福和成功，让我们变得越来越好的一种方法和态度。波普尔还列出了几条无法被证伪的、不具有科学性的命题：

一是在逻辑上对它的可能性的全部陈述。教育孩子可能成功，也可能失败，在逻辑上有 50% 成功的概率，50% 失败的概率。这对于成功的可能性和失败的可能性作了全部的陈述，不具有证伪性。

二是重言式的结构。例如，孩子高考分数不够，等于考不上大学，这和考不上大学是因为他分数不够是一个意思。这种重言式的结构形成的结论，不具有证伪性。

三是对于形而上的东西不具有证伪性。这个命题就是对不可证明的无形世界的一些本质性的猜想，往往是孤立、静止的一些片面的观点，是一种观察世界的方式。比如说孩子有抑郁症，这是无形的，也不可证实，是看不见摸不着的，是不可被证伪的。另外，伪科学，如算卦、神话故事等也不具有证伪性。

具有科学态度的人，既能在现实生活中运用弗朗西斯·培根的归纳法，也能运用逻辑实证主义的方式来界定科学，还能对界定的东西提出假设、猜想和批判，然后形成新的结论和问题，在证实和证伪的过程中循环往复，永无止境。

我们通过这些教育方式和方法，可以看清科学态度背后的规律和启发。它不仅仅是一种教育层面上的方法论，也是使我们处世方式更好的方法论，切合现在实际的方法论。要想把孩子教育好，要想把生活过好，我们就要有科学的态度。

后　记

高尔基曾说过："爱孩子这是母鸡也会做的事，但要善于教育他们，这就是国家的一件大事了，这需要才能和渊博的生活知识！"

对于这句话，我深表认同。养育孩子不单是让孩子吃饱穿暖这么简单，我们还需要把他们培育成一个身心健康的真正的人。

什么人可以称之为真正的人？我认为：能够客观公正地认识自己，发自内心地认同自己、接纳自己、爱自己；能与他人友好地沟通与交往，相互理解、陪伴和尊重；面对挫折和失败不气馁、不妥协，能够保有一份坦然与乐观；珍惜生命、热爱生活，有感知幸福的能力；能够把时间花在自己喜爱的事物上，在自己钟爱的领域内发光发热。这样的人，才能称之为真正的人。

看似简单的标准，却难倒了大批的"英雄好汉"。因为很多时候，我们家长往往只做到了"养"，而忽略了"育"。很多家长找我咨询时，经常会问同一个问题："杨老师，我真的不明白我的孩子为什么会找不到活着的意义？更无法理解本应有着大好人生的他为什么会休学在家？我在生活上从来没有亏待过他，尽可能满足他的一切需求，我实在不理解自己到底哪里做错了！这让我备受煎熬……"

每次听到家长这样诉苦，我都很想说：问题的出现与我们错误地使用教育方法有着直接的关联。你不妨回忆一下，当孩子做事粗心马虎时、当孩子调皮捣蛋时、当孩子写作业拖拉磨蹭时、当孩子不按你的要求行事时、当孩子挑战你作为教育者的权威时……你是如何教育他的？批评？打骂？责罚？不得不说，作为教育者的我们，对于教育方法的选择往往是盲目而恐怖的。正是这些不当的教育方法对孩子造成了二次、三次，甚至多次的心灵上不可磨灭的伤害。

教育孩子需要借助更多的方法和工具。我们认识和了解教育方法，是解决教育问题的必要前提。在这个前提下，如何正确地选择教育方法是帮助困境中的孩子和解决当下的教育困扰的一个很重要的课题。

我相信方法促进了人类的发展，也启蒙了教育的进程。本书囊括了 21 个先进的教育方法：教育方法的革命、身心灵的转变、态度、有情陪伴、移情与融合、批评、妥协、语言、幽默、赞美、耐心、提问、思维、责任的移交、主动学习的养成、兴趣的培养、习惯的养成、智力教育的培养、情感教育的培养、技能的训练和科学的态度。但愿这 21 种教育方法能让我们的家庭教育更加得心应手，也能让我们更有效地支持孩子成为最好的自己。